Gerhard Moll

Rechenstrukturen und Geometrie mit LOGO

Programmieren von Mikrocomputern

Die Bände dieser Reihe geben den Benutzern von Heimcomputern, Hobbycomputern bzw. Personalcomputern über die Betriebsanleitung hinaus zusätzliche Anwendungshilfen. Der Leser findet wertvolle Informationen und Hinweise mit Beispielen zur optimalen Ausnutzung seines Gerätes, besonders auch im Hinblick auf die Entwicklung eigener Programme.

Bisher erschienene Bände

Band 1 **Einführung in BASIC**
von W. Schneider

Band 3 **BASIC für Fortgeschrittene**
von W. Schneider

Band 4 **Einführung in Pascal**
von W. Schneider

Band 6 **BASIC-Programmierbuch zu den grundlegenden Ablaufstrukturen der Datenverarbeitung**
von E. Kaier

Band 7 **Lehr- und Übungsbuch für Commodore-Volkscomputer**
von G. Oetzmann

Band 9 **Einführung in die Anwendung des Betriebssystems CP/M**
von W. Schneider

Band 10 **Datenstrukturen in Pascal und BASIC**
von D. Herrmann

Band 11 **Programmierprinzipien in BASIC und Pascal**
von D. Herrmann

Band 13 **Strukturiertes Programmieren in BASIC**
von W. Schneider

Band 14 **Logo-Programmierkurs für Commodore 64 Logo und Terrapin Logo (Apple II)**
von B. Schuppar

Band 15 **Entwerfen von Programmen (Commodore 64)**
von G. Oetzmann

Band 16 **Einführung in die Anwendung des Betriebssystems MS-DOS**
von W. Schneider

Band 17 **Einführung in die Anwendung des UCSD p-Systems**
von K. Buckner/M. J. Cookson/A. I. Hinxman/A. Tate

Band 18 **Mikrocomputer-COBOL**
von W. Kähler

Band 19 **Fortgeschrittene Programmiertechniken in Turbo Pascal**
von E. Hering und K. Scheurer

Band 20 **Einführung in die Anwendung des Betriebssystems Apple DOS (Apple II)**
von H. R. Behrendt und H. Junghans

Band 22 **Einführung in Turbo Pascal unter CP/M 80**
von G. Harbeck

Band 23 **Pascal mit der Turtle**
von K. und K. H. Beelich

Band 24 **Programmieren mit UNIX**
von G. Martin und M. Trostmann

Band 25 **Murmeltierwelt und Pascal**
von H. Pinke

Band 26 **Rechenstrukturen und Geometrie mit LOGO**
von G. Moll

Band 27 **Sprachverarbeitung mit LISP und Prolog auf dem PC**
von J. Handke

Band 28 **Probleme und Lösungen mit Turbo Prolog**
von D. Herrmann

Programmieren von Mikrocomputer Band 26

Gerhard Moll

Rechenstrukturen und Geometrie mit LOGO

Springer Fachmedien Wiesbaden GmbH

CIP-Titelaufnahme der Deutschen Bibliothek

Moll, Gerhard:
Rechenstrukturen und Geometrie mit LOGO/
Gerhard Moll. – Braunschweig; Wiesbaden:
Vieweg, 1988
(Programmieren von Mikrocomputern;
Bd. 26)
ISBN 978-3-528-04492-3 ISBN 978-3-322-89425-0 (eBook)
DOI 10.1007/978-3-322-89425-0
NE: GT

Das in diesem Buch enthaltene Programm-Material ist mit keiner Verpflichtung oder Garantie irgendeiner Art verbunden. Der Autor und der Verlag übernehmen infolgedessen keine Verantwortung und werden keine daraus folgende oder sonstige Haftung übernehmen, die auf irgendeine Art aus der Benutzung dieses Programm-Materials oder Teilen davon entsteht.

Der Verlag Vieweg ist ein Unternehmen der Verlagsgruppe Bertelsmann.

Vorwort

Dieses Buch ist kein Mathematikbuch, aber es benutzt mathematische Sachverhalte, die man von der 9. Klasse an in der Schule lernt und in den Lehrbüchern nachlesen kann. Es ist auch kein typisches Computerbuch. Allerdings ist es nur mit Verständnis zu lesen, wenn man die darin beschriebenen Programme nachvollzieht. Die benutzte Computersprache ist Logo, aber das Buch ist keine übliche Einführung in diese Programmiersprache. Die Algorithmen in diesem Buch sind jedoch meistens sehr einfach und werden in der Umgangssprache formuliert und in Logo übertragen so daß sie leicht zu verstehen und anzuwenden sind. Das Buch bringt zwei Begriffe miteinander in Verbindung, die nur auf den ersten Blick zusammenhanglos zu sein scheinen: Rechnen und Geometrie. Maß und Zahl gehören allerdings schon zu den ersten geometrischen Erfahrungen des Menschen, ob es sich um Längen von Strecken, Größen von Winkeln, um Flächen- oder Rauminhalte handelt. Seit der Erfindung der analytischen Geometrie gehören auch die Positionen von Punkten, Geraden und Ebenen zu den durch Zahlen beschreibbaren und somit auch berechenbaren geometrischen Objekten. Darüber hinaus werden Kongruenz- und Ähnlichkeitsabbildungen der Ebene und des Raumes als aus Grundabbildungen berechenbare Objekte aufgefaßt. Dies alles hat dazu geführt, daß bereits in der Schule das Rechnen im Zusammenhang mit geometrischen Problemen eingesetzt wird.

Es ist nicht verwunderlich, daß die in der Geometrie berechenbaren Größen und Begriffe dort, wo ein Computer dies leisten kann, von einem Computer berechnet werden. So hat der Taschenrechner geholfen, langwierige Rechenarbeit abzukürzen und den Geist frei für die eigentlichen mathematischen Sachverhalte gemacht. Nun stellt sich die Frage, ob eine noch weitergehende Erleichterung durch Verwendung geeigneter Computerprogramme möglich ist, die wieder eine Befreiung des Geistes für die eigentliche geometrische Arbeit sein kann. Eine Antwort darauf soll hier gegeben werden.

Es wird nicht der Anspruch auf Vollständigkeit oder übertriebene Exaktheit erhoben; der Leser kann sich über den mathematischen Sachverhalt in Mathematikbüchern für das Gymnasium informieren. Vielmehr soll der mathematisch Vorgebildete auf Möglichkeiten der Begriffsbildung und der Logo-Programme hingewiesen werden, die in dieser Form neu sind. Die Durchführung der Rechnung macht deutlich, daß eine mathematische Begründung der Lösungsansätze, ihrer Wege und Ergebnisse notwendig ist. Hier wird ein Anwender der Programme nicht entlastet, sondern herausgefordert.

Es ist klar, daß Verbesserungen und Erweiterungen möglich sind. Hier soll nur gezeigt werden, wie geometrische Objekte schon mit einfachen Kenntnissen aus der Geometrie der Schule in Rechenstrukturen eingebunden werden können, wobei Logo helfen kann!

Inhaltsverzeichnis

1 Weggeometrie

1.1 Die Turtlegeometrie

Die am Massachusets Institute of Technology (MIT) in Cambridge (USA) von Harold Abelson seit 1969 entwickelte Programmiersprache Logo enthält einen sehr einfachen Zugang für die Erzeugung von geometrischen Vorstellungen. Er ist durch das von Seymour Papert verfaßte Buch "Mindstorms" berühmt geworden. Danach kann man die Geometrie als eine "Rechenstruktur" auffassen, die mit den Daten "Schrittzahl" und "Drehwinkel in Grad" arbeitet. Für sie ist ein Paket primitiver Prozeduren erstellt worden, mit dessen Hilfe man Zeichnungen von Figuren auf dem Bildschirm herstellen kann. Dazu existiert dort auch ein gerichtetes Dreieck, Turtle genannt, das die Ausgangsposition (Ort und Richtung auf dem Bildschirm) festlegt und bei Bewegungen je nach dem Befehl Striche hinter sich herzieht oder nicht. Einige Befehle sind z. B.:

FORWARD SCHRITTZAHL (kurz FD :SCHRITTZAHL)
Die Turtle wandert vom Turtle-Ort in Turtle-Richtung um :SCHRITTZAHL Schritte nach vorn und zieht je nach PU-PD-Stellung einen Strich hinter sich her oder nicht.

PENUP (PU)
hebt den Zeichenstift, so daß bei einer Bewegung kein Strich gezogen wird.

PENDOWN (PD)
senkt den Zeichenstift, so daß bei einer Bewegung ein Strich gezogen wird.

BACK :SCHRITTZAHL (BK :SCHRITTZAHL)
wie FD -:SCHRITTZAHL: Der Zeichenstift wird um :SCHRITTZAHL Schritte zurückgeführt, wobei je nach PU-PD-Stellung ein Strich gezogen wird oder nicht.

RIGHT :DREHWINKEL (RT :DREHWINKEL)
Der Zeichenstift wird in seiner Richtung an seinem Bildschirmort um :DREHWINKEL Winkelgrade rechts herumgedreht.

LEFT :DREHWINKEL (LT :DREHWINKEL)
wie RT -:DREHWINKEL

CLEARSCREEEN (CS)
Der Bildschirm wird gelöscht und die Turtle in ihre Ausgangsposition auf dem Bildschirm mit Blickrichtung nach "Norden" gebracht.

SETXY :X :Y
setzt die Turtle von der augenblicklichen Position auf die mit den Bildschirmkoordinaten :X und :Y gekennzeichnete Bildschirmposition und zieht dabei je nach PU-PD-Stellung einen Strich hinter sich her oder nicht.

XCOR und YCOR
sind Funktionen ohne Argumente. Ihr Funktionswert ist der x-Wert oder der y-Wert der Position der Turtle in dem dem Bildschirm hinterlegten Koordinatensystem.

TOWARDS :X :Y
ist eine Funktion, die die Koordinaten :X und :Y eines Bildschirmpunktes als Argumente hat. Ihr Funktionswert ist der Winkel, um den man die Turtle aus der Nordrichtung drehen müßte, damit sie von ihrer Position aus rechts herum in Richtung des Punktes mit den Koordinaten :X und :Y blickt - unabhängig von der augenblicklichen Blickrichtung der Turtle.

Selbstdefinierte Prozeduren

Mit Hilfe dieser und anderer primitiver Prozeduren kann man Prozeduren selbst entwickeln. Allein zum Verständnis dieses Textes ist es zweckmäßig, eine Normierung der Sprache vorzunehmen. Sie folgt dabei den Logo-Versionen, die sich nicht direkt auf Koordinaten von Bildpunkten beziehen, sondern diese in einen Zweizahlensatz, d. i. eine Logo-Liste von zwei Zahlen, zu einer Bildschirmposition zusammenfassen. Der Vorteil ist, daß man derartige Bildschirmpositionen zu Listen von Bildschirmpositionen zusammensetzen und mit diesen weiter operieren kann. Dazu werden die folgenden Prozeduren und Funktionen geschrieben:

```
TO POS
 OP SE XCOR YCOR
END
```

Die argumentlose Funktion POS hat die Position des Bildschirmortes, d.h. den Satz ihrer beiden Bildschirmkoordinaten als Funktionswert und stellt ihn damit dem Benutzer zur Verfügung.

Ebenso sollte man die Turtle auch auf eine selbstgewählte Position setzen können, wobei man unterscheiden muß, ob sie einen Strich hinter sich herzieht oder nicht. Man verändert die Prozedur SETXY dazu auf wie folgt:

```
TO AUF :PUNKT
 PU SETXY FIRST :PUNKT LAST :PUNKT PD
END
```

```
TO NACH :PUNKT
 PD SETXY FIRST :PUNKT LAST :PUNKT
END
```

Die Funktion RICHTUNG verändert die Funktion TOWARDS entsprechend, indem sie auf den Zweizahlensatz :PUNKT der Koordinaten des Blickpunktes statt auf seine beiden Koordinaten zugreift.

```
TO RICHTUNG :PUNKT
 OP TOWARDS FIRST :PUNKT LAST :PUNKT
END
```

Der psychologische Ansatzpunkt der Weggeometrie

Wie Kinder beim Spielen Figuren durch Aneinanderketten von Schritten und Drehungen durchlaufen können, so kann die Turtle diese Bewegungen auf den Bildschirm zeichnen. Ein Abstraktionsschritt führt von der unmittelbaren Ausführung zur Vorstellung der Ausführung. Er ist notwendig, um geometrische Figuren durch Aneinanderreihung von Anweisungen zeichnen zu können. So entsteht die Zeichnung eines Quadrates durch die viermalige Aneinanderreihung des Anweisungspaares FD 40 RT 90 . Der Befehlssatz ist so elementar, daß er von Vorschulkindern gelernt und angewendet werden kann. Ein weiterer Abstraktionsschritt führt von der Vorstellung zum Programm und ermöglicht es, eine Folge von Anweisungen zu einer neuen Anweisung zusammenzufassen, die nun genauso anwendbar ist wie eine elementare Anweisung. In unserem Beispiel:

```
TO QUADRAT1
 REPEAT 4 [FD 40 RT 90]
END
```

Die selbstdefinierten Programme können als eine Spracherweiterung der Sprache Logo durch den Benutzer für seine eigenen Zwecke aufgefaßt werden. In der Weggeometrie ist es nun möglich, eine Fülle von neuen Figuren zu zeichnen, die wiederum als Elementarfiguren in Programmen eingesetzt werden können. Dieses Prinzip erfassen Schüler sehr schnell und haben Spaß daran, auf den Bildschirm symmetrische Figuren zu zeichnen.

Das Verallgemeinerungsprinzip führt vom QUADRAT1-Befehl auf Quadrate mit eingebbarer Seitenlänge.

```
TO QUADRAT :LAENGE
 REPEAT 4 [FD :LAENGE RT 90]
END
```

Diese sind wieder eine Teilmenge von regelmäßigen Vielecken beliebiger (vernünftiger) Seitenlänge und Eckenzahl. All diese Figuren werden bisher von einem zufälligem Anfangsort in eine zufällige Richtung in einem der beiden Drehsinne gezeichnet. Den Anfangsort und die Anfangsrichtung kann man in einer Prozedur festlegen, indem man Prozedurparameter dafür einführt. So erhält man mit einem ersten Schritt in die Turtlegeometrie eine Rechenstruktur "Vieleckgeometrie", die die Zeichnung einer Fülle vielfältiger Figuren ermöglicht.

Eine Prozedur zum Zeichnen eines Vielecks heißt in der Weggeometrie:

```
TO VIELECKZ :ECKENZAHL :LAENGE
 REPEAT :ECKENZAHL [FD :LAENGE RT 360/:ECKENZAHL]
END
```

1.2 Verallgemeinerung: Figurgeometrie

Die Vielecksgeometrie kann zu einer Figurgeometrie verallgemeinert werden. Dazu ist es zweckmäßig, den Datentyp "Figur" festzulegen. Die Vielecksprozeduren aus dem letzten Abschnitt sind Zeichenprozeduren, die es ermöglichen, Figuren auf den Bildschirm zu zeichnen. Für unseren Ansatz ist es aber nicht sinnvoll, Figuren als Zeichnungen einzuführen. Denn wir wollen die Figuren als Daten von Algorithmen auffassen, die z. B. Eingabedaten für Prozedurparameter oder Funktionswerte von Funktionen sein können. Wir ziehen es daher vor, eine Figur als eine Liste von Punkten der Ebene zu definieren, d.h. als eine endliche Punktmenge mit einer eindeutigen Reihenfolge der Punkte. Weiter wird vorausgesetzt, daß die Punktliste insofern vernünftig ist, als die Punkte auf den Bildschirmausschnitt der Ebene passen. Die so vereinbarte Datenstruktur Figur muß noch zu einem Datentyp ergänzt werden, indem Erzeugungsprozeduren sowohl für Punkte und Figuren als auch Zugriffsprozeduren auf die Punkte der Figuren angegeben werden. Um eine Figur zu erzeugen, muß man angeben, wie man Punkte erzeugt. Dies leistet die folgende Erzeugungsprozedur eines Punktes:

```
TO . :PUNKT
 MAKE :PUNKT POS
END
```

Die Prozedur verlangt als Eingabe ein Logowort für den Parameter :PUNKT. Dieses wird als ein Variablenname aufgefaßt, indem ihm mit Hilfe des Logobefehls MAKE ein Wert zugewiesen wird. Der Wert ist die augenblickliche Turtle-Position auf dem Bildschirm. Name und Wert der Position stehen damit für die Erzeugung einer Figur zur Verfügung, die diesen Punkt enthält. Sie ist nach der oben angegebenen Definition die Liste der zu ihr gehörenden Punkte. Der Begriff ´Punkt´ ist ein Objekt einer geometrischen Sprache und kein Datentyp von Logo. Man kann das geometrische Objekt auf zweifache Weise in die Programmiersprache Logo übersetzen, zum einen als seine Position, d. i. den Zweizahlensatz der Bildschirmkoordinaten und zum andern als Namen einer Variablen, die die Position als Wert hat. Das folgende Beispiel zeigt ein Viereck, das durch die Namen seiner Punkte definiert ist. Sind durch die vier Prozeduraufrufe . "A, . "B, . "C und . "D die vier Punkte A, B, C und D auf dem Bildschirm entsprechend ihrer Turtleposition festgelegt worden, kann eine zugehörige Figur Viereck durch die Wertzuweisung MAKE "VIERECK´ (SE "A "B "C "D) vereinbart werden. Darin faßt der Logobefehl SE (ausführlich SENTENCE) die vier Logowörter "A , "B , "C und "D zu einer Liste zusammen, und der MAKE-Befehl macht diese Liste unter dem Namen "VIERECK´ für den Benutzer verfügbar. Genaugenommen verfügt der Benutzer in der Liste über die Namen der Figurpunkte. Er kann jedoch auf ihren Wert zugreifen, indem er den Inhaltsoperator von Logo auf den entsprechenden Variablennamen anwendet. Dazu kann er im einfachsten Fall die den Namen kennzeichnenden führenden Anführungsstriche durch einen Doppelpunkt ersetzen, also im obigen Beispiel :A , :B , :C oder :D schreiben. Ist der

Name nicht direkt verfügbar, indem er wie im obigen Beispiel in einer Liste mit dem Namen "VIERECK' steht, muß der Benutzer den Inhaltsoperator THING verwenden. So greift der Befehl THING FIRST :VIERECK' mit der Funktion FIRST den ersten Namen "A aus der Liste heraus, und die Funktion THING greift dann auf den Wert der Variablen mit diesem Namen zu. Dies ist die Position des ersten Punktes der Liste VIERECK'.

Die zweite Möglichkeit, eine Figur in Logo zu vereinbaren, besteht darin, sie als Liste ihrer Bildschirmpositionen festzulegen. Dies ist eine Liste von Zweizahlensätzen, bei der jeder Zweizahlensatz die Koordinaten eines Punktes enthält. Ist ein Viereck mit den Punkten A, B, C und D gegeben, kann man es mit Hilfe des Logobefehls MAKE "VIERECK (LIST :A :B :C :D) als Liste der Positionen der vier Eckpunkte angeben.

In beiden Fällen braucht man die Koordinaten der Punkte A, B, C oder D auf dem Bildschirm nicht zu kennen, um mit den Punkten und den durch sie erzeugten Figuren arbeiten zu können. Vielmehr hat man durch die Prozedur . :PUNKT jedem in :PUNKT eingegebenen Namen den augenblicklichen Bildschirmort der Turtle zugewiesen, und man kann nun diesen Ort bei seinem Namen oder bei seinem Wert nehmen, um ihn in Figuren zu verwenden. Damit ist es möglich, mit der Turtle über den Bildschirm zu fahren, um mit dem Markierungsbefehl Punkte für eine Figur zu erzeugen, die mit Hilfe des MAKE-Befehls zu einer Figur zusammengefaßt werden.

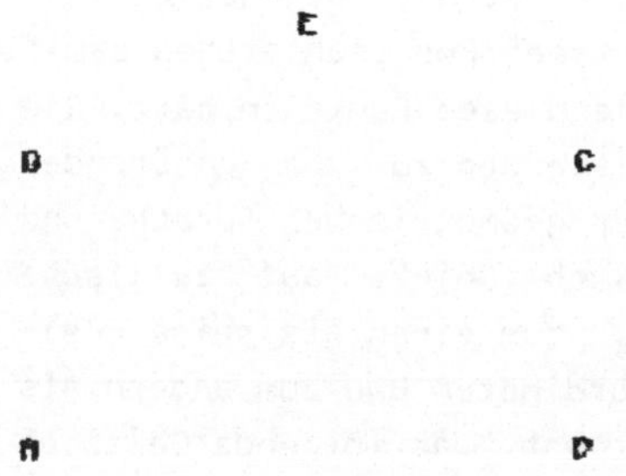

E

D C

A B

Bild 1.1
Die fünf Punkte A, B, C, D und E werden durch "Fahren über den Bildschirm" mit Hilfe der Prozedur . :NAME markiert. Dabei werden für :NAME nacheinander "A, "B, "C "D und "E eingegeben und die Prozedur weist diesen Namen als Wert die jeweilige Position der Turtle zu.

Bild 1.1 zeigt ein weiteres Beispiel der Erzeugung einer Figur. Man markiert durch "Fahren mit der Turtle über den Bildschirm" und anschließender Anwendung der Markierungsprozedur . :PUNKT die fünf Punkte A, B, C, D und E, so daß sie mit Namen und Ort bekannt sind. Nun könnte man durch die Befehlsfolge

```
AUF :A NACH :B NACH :C NACH :D NACH :A NACH :C
NACH :E NACH :D NACH :B
```

den zusammenhängenden Streckenzug auf den Bildschirm zeichnen, der Kindern unter der Bezeichnung "Dies ist das Haus des Nikolaus" bekannt ist (Bild 1.2). (Jeder Silbe des Spruchs entspricht eine Strecke des Streckenzugs.)

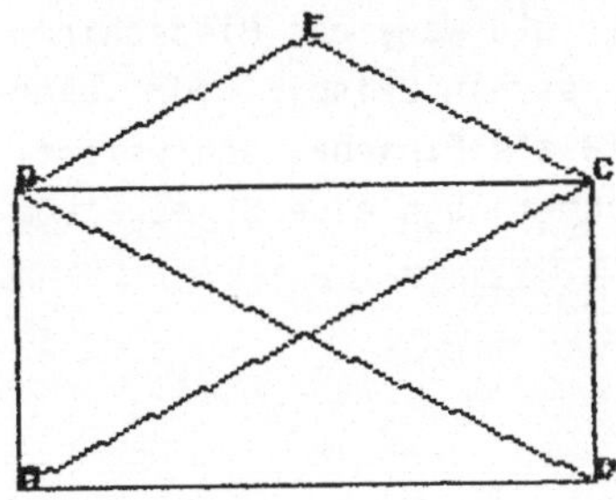

Bild 1.2
Diese Streckenzugfigur entsteht durch die Befehlsfolge der 9 Befehle AUF :A NACH :B NACH :C NACH :D NACH :A NACH :C NACH :E NACH :D NACH :B. Dabei werden die im Hauptspeicher vorhandenen Werte der Variablen :A, :B, :C, :D und :E verwendet.

Aber dieser Streckenzug ist keine Figur im oben definierten Sinn. Eine zugehörige Figur kann als Liste der Namen ihrer Punkte folgendermaßen angegeben und mit dem Namen "HAUS versehen werden: MAKE "HAUS ["A "B "C "D "A "C "E "D "B]. Nun entsteht die Frage, wie man einen Streckenzug einer so gegebenen Figur, also einer Liste von Punkten zeichnen kann.

Zeichenprozeduren zu Figuren

Die Beispiele VIERECK und VIERECK' zeigen, daß eine Figur in zweifacher Form vorliegen kann:
- als Liste der Positionen der Eckpunkte
- als Liste der Namen der Positionen der Eckpunkte.

Will man eine Prozedur vereinbaren, in der Punkte verwendet werden sollen, muß man entscheiden, ob die Punkte durch ihren Namen oder durch ihre Position auf dem Bildschirm gegeben sind. So greifen die Prozeduren AUF und NACH aus dem Abschnitt 1.1 auf die Bildschirmposition des Punktes als einen Satz von zwei Zahlen zu. Sollen sie auf ihre Namen zugreifen, muß man die folgenden Prozeduren AUF' und NACH' verwenden, die dasselbe leisten wie AUF und NACH, aber statt der Zielposition den Namen der Zielposition als Eingabeparameter haben:

```
TO AUF' :PUNKT
 PU AUF THING :PUNKT
END

TO NACH' :PUNKT
 PD NACH THING :PUNKT
END
```

Glücklicherweise kann die Entscheidung darüber, ob die Punkte beim Namen oder bei ihrer Bildschirmposition genommen werden sollen, auch von einer Logo-Prozedur getroffen werden, so daß ein Benutzer der Prozedur sich nicht darum kümmern muß. Man kann nämlich jeden Punkt vom Programm daraufhin untersuchen, ob er als eine Logo-Liste oder als ein Logo-Wort vorliegt. Im ersten Fall ist er als Position, im zweiten Fall als Name des Bildschirmpunktes gegeben. Die Prozedur STRECKE :££A :££B ist ein Beispiel für eine solche Prozedur. Sie hat zwei Punkte :££A und :££B als Eingabe, analysiert, ob die Eingaben Namen oder Listen sind, und zeichnet dann eine Strecke vom Punkt :££A zum Punkt :££B.

```
TO STRECKE :££A :££B
 TEST ALLOF THING? :££A THING? :££B
 IFT AUF' :££A NACH' :££B STOP
 TEST ALLOF THING? :££A NOT THING? :££B
 IFT AUF' :££A NACH :££B STOP
 TEST ALLOF NOT THING? :££A THING? :££B
 IFT AUF :££A NACH' :££B STOP
 AUF :££A NACH :££B
END
```

Die Streckenprozedur läßt sich leicht auf eine Streckenzugprozedur einer beliebigen Figur erweitern. Die folgende Prozedur ZUG :FIGUR zeichnet den Streckenzug der Punkte, die in einer Liste :FIGUR stehen. Man kann die Punkte der Figur beliebig als Namen oder Positionen von Punkten eingeben, denn die in ihr aufgerufene Prozedur STRECKE analysiert den vorliegenden Fall und behandelt ihn entsprechend.

```
TO ZUG :FIGUR
 IF ( COUNT :FIGUR ) < 2 STOP
 STRECKE FIRST :FIGUR FIRST BF :FIGUR
 ZUG BF :FIGUR
END
```

Eine Probe für die Korrektheit dieser Prozedur würde der Befehl ZUG :HAUS sein, denn er müßte das Haus aus Bild 1.2 auf den Bildschirm zeichnen. Die Prozedur ruft sich selbst auf, solange die hinter TEST stehende Abbruchbedingung nicht erfüllt ist. M. a. W: Sie ist "rekursiv". Die Abbruchbedingung lautet: Wenn :FIGUR eine Liste mit weniger als zwei Punkten ist, dann kann keine Strecke gezeichnet werden. Sonst zeichnet die Prozedur die Strecke zwischen den ersten beiden Punkten und daran die Streckenzugfigur, die durch Streichen des ersten Punktes aus der Liste :FIGUR entsteht.

Weiterhin ist es zweckmäßig, einen beliebigen Punkt außerhalb einer Figur mit allen Punkten der Figur verbinden zu können. Dies leistet folgende Prozedur.

```
TO VERBINDEN :PUNKT :FIGUR
 IF :FIGUR = [] STOP
 STRECKE :PUNKT FIRST :FIGUR
 VERBINDEN :PUNKT BF :FIGUR
END
```

Die Abbruchbedingung der Rekursion lautet: Die Figur ist eine leere Punktliste. Ist sie nicht erfüllt, muß eine Strecke von dem in :PUNKT gegebenen Punkt zum ersten Punkt der Liste :FIGUR gezeichnet werden. Dann muß der in :PUNKT gegebene Punkt noch mit der Restfigur verbunden werden, die durch Streichung des ersten Punktes aus der Liste :FIGUR entsteht.

Die VERBINDE-Prozedur kann man verwenden, um alle Punkte einer Figur miteinander zu verbinden, wie die folgende Prozedur ALLES.VERBINDEN zeigt. Die Figur ist in der Liste :FIGUR gegeben, sie ist also eine Liste von Punkten.

```
TO ALLES.VERBINDEN :FIGUR
 IF ( COUNT :FIGUR ) < 2 STOP
 VERBINDEN FIRST :FIGUR BF :FIGUR
 ALLES.VERBINDEN BF :FIGUR
END
```

Die Prozedur ist rekursiv, d. h. sie ruft sich selbst solange auf, bis eine Abbruchbedingung erfüllt ist. Die Abbruchbedingung ist erfüllt, wenn die Figur weniger als zwei Punkte hat. Ist sie nicht erfüllt, so wird der erste Punkt der Figur mit allen Punkten der Restfigur verbunden, die durch Streichung des ersten Punktes entsteht. Anschließend müssen noch alle Punkte dieser Restfigur miteinander verbunden werden.

Die obigen Prozeduren sind Zeichenprozeduren für Figuren, die als Punktlisten gegeben sind. Solche Figuren können wir mit Hilfe des Markierungsbefehls . :PUNKT und des Logobefehls MAKE erzeugen. Im Abschnitt 1.1 haben wir eine Vielecksfigur VIELECKZ :ECKENZAHL :SEITENLAENGE angegeben, die ein Vieleck mit vorgegebener Eckenzahl und vorgegebener Seitenlänge auf den Bildschirm zeichnet. Es stellt sich die Frage, wie man eine solche Vielecksfigur als Punktliste erzeugen kann, damit man sie zum Beispiel für die oben angegegebenen Zeichenprozeduren zur Verfügung hat. Da Listen in Logo auch Funktionswerte von Funktionen sein können, kann man die Frage verschärfen: Wie kann man eine Funktion schreiben, die ein Vieleck mit vorgegebener Eckenzahl und Seitenlänge als Funktionswert hat? Die Antwort gibt das Listing der Logo-Funktion VIELECK :ECKENZAHL :LAENGE .

```
TO VIELECK :ECKENZAHL :LAENGE
 LOCAL "VIELECK MAKE "VIELECK []
 PU
 REPEAT :ECKENZAHL [MAKE "VIELECK LPUT POS :VIELECK FD :LAENGE RT 360/:ECKENZAHL
]
 OP :VIELECK
END
```

Die Funktion VIELECK :ECKENZAHL :LAENGE ist nur ein Beispiel für die Erzeugung einer Figur als Funktionswert einer Logo-Funktion. Wichtig ist, daß man Figuren in Logo überhaupt als Funktionswerte von Funktionen schreiben kann - wie kompliziert sie auch sein mögen. Eine Begrenzung liegt nur in der Speicherkapazität vor. Um eine solche Figur nicht mehrfach berechnen zu müssen, kann man sie auch einer Variablen zuweisen. So wird zum Beispiel durch den Logobefehl MAKE "SECHSECK1 VIELECK 6 30 einer Variablen mit dem Namen "SECHSECK1 die Liste der Positionen der Punkte eines regelmäßigen Sechsecks zugewiesen, das von einer bestimmten Stelle des Bildschirms (der augenblicklichen Tutrle-Position) aus in eine bestimmte Richtung (in die augenblickliche Turtle-Richtung) im Uhrzeigersinn (siehe den Logobefehl RT im Listing) gezeichnet wird. Diese Figur mit dem Namen "SECHSECK1 steht im Hauptspeicher für weitere Verarbeitungen zur Verfügung - nicht nur für Programme oder andere Prozeduren, sondern auch im Direktmodus. So kann man die Liste mit PRINT :SECHSECK1 ausdrucken. Darüberhinaus kann man sie auch als eine globale Variable zusammen mit den Bearbeitungsfunktionen und -prozeduren oder auch für sich allein in eine Datei auf der Diskette speichern.

Ähnlich wie man in der Turtle-Geometrie die Zeichnung eines Quadrats als ein anregendes Beispiel vorführt, soll hier das Sechseck diese Aufgabe in der Figurgeometrie übernehmen. Es gibt eine Fülle von Möglichkeiten für Anwendungen, die der Phantasie des Lesers überlassen bleiben müssen. Der folgende Abschnitt soll nur zeigen, wie man vorgehen kann.

1.3 Anwendungen der Figurgeometrie

Wir haben im vorigen Abschnitt gezeigt, wie man eine "Figurgeometrie" aufbauen kann, deren Grunddaten Punkte und Figuren in einer dort definierten Bedeutung sind. Außerdem sind einige Bearbeitungsprozeduren und -funktionen zu ihrem Aufbau, dem Zugriff auf sie und zu ihrer Zeichnung angegeben worden. Da Logo zu den Programmiersprachen gehört, bei denen man zwischen den primitiven, von der Sprache vorgegebenen und den selbst entwickelten Funktionen und Prozeduren nicht unterscheiden muß, weil jede selbst entwickelte Funktion oder Prozedur als Spracherweiterung von Logo aufgefaßt werden kann, kann man im Prinzip weiterhin so vorgehen wie bei der Turtlegeometrie oder bei der Figurgeometrie: Man faßt den Gesamtbestand der vorliegenden Funktionen und Prozeduren als primitv auf und entwickelt für seinen besonderen Anwendungsfall weitere, die darauf aufbauen. Die Verfahrensweise soll nun an Beispielen vorgeführt werden.

Als erstes soll die Aufgabe behandelt werden, wie man die Projektion eines einschaligen Rotationshyperboloides auf den Bildschirm zeichnen kann (Bild 1.3).

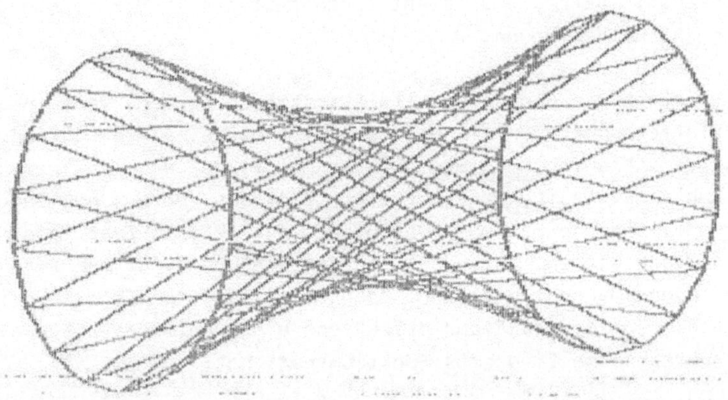

Bild 1.3
Dieses einschalige Hyperboloid wird mit dem Befehl HYPERBOLOID gezeichnet.

Der Grundgedanke der Lösung ist:
Zeichne einen Kreis; bilde diesen Kreis durch eine Parallelverschiebung auf einen Bildkreis ab. Die Verschiebungsrichtung soll senkrecht zur Kreisebene verlaufen. Drehe beide Kreise in ihrer Ebene um ihren Mittelpunkt durch den gleichen Winkel, den einen im positiven, den anderen im negativen Drehsinn. Verbinde die Punktepaare der beiden Kreise durch Strecken, die durch die Verschiebung einander zugeordnet waren. Gehe noch einmal zu den beiden

Kreisen nach Durchführung der Verschiebung zurück. Drehe nun beide Kreise wieder um ihren Mittelpunkt durch den gleichen Winkel, aber nun jeden im entgegengesetzten Drehsinn wie vorher. Verbinde wieder die einander zugeordneten Punktepaare durch Strecken. Die beiden Streckenscharen liegen auf einem einschaligen Rotationshyperboloid. Eine Parallelprojektion davon soll auf den Bildschirm gezeichnet werden.

Wie kann man vorgehen, um die Lösung in der Figurgeometrie darzustellen?

Zunächst wird man feststellen, daß ein Kreis nach der Definition der Figur nicht als Figur aufgefaßt werden kann, weil er unendlich viele Umfangspunkte hat. Genaugenommen besteht ein Bildschirm aus diskreten Punkten, so daß jede Kreisdarstellung eine Täuschung des Betrachters ist, weil an seiner Stelle ein regelmäßiges Vieleck mit einer hinreichend großen Anzahl von Eckpunkten genommen wird. Statt des Kreises soll dementsprechend nun ein Vieleck gewählt werden. Aber es soll zunächst nicht gezeichnet, sondern als eine Figur in der Bedeutung als Liste seiner Eckpunkte dargestellt werden. Als Hilfsmittel kann die Funktion VIELECK :N :S aus dem letzten Abschnitt dienen. Die Logo-Anweisung MAKE "A VIELECK 18 15 speichert z. B. ein regelmäßiges 18-Eck mit der Seitenlänge 15 in "A ein. Damit ist der erste Teil der Aufgabe gelöst: Der "Kreis" steht angenähert als 18-Eck in einer Figur mit dem Namen "A zur Verfügung.

Nun soll das Vieleck als Ganzes parallel verschoben werden. Das bedeutet, daß jeder Vieleckspunkt von seiner Stelle aus dieselbe Verschiebung erfährt. Diese Verschiebung kann man durch einen Vektor angeben, der in Logo als ein Zweizahlensatz auftritt. Die erste Zahl des Vektors muß zu der ersten Zahl und die letzte Zahl des Vektors zu der letzten Zahl jedes Vieleckspunktes addiert werden. Eine solche Verschiebung nennt man auch Translation. Sie kann in Logo durch eine Tranlationsfunktion TL :FIGUR :VEKTOR erfolgen, die eine beliebige Figur :FIGUR und einen Vektor :VEKTOR als Eingabe und die verschobene Figur als Funktionswert hat.

```
TO TL :FIGUR :VEKTOR
 IF :FIGUR = [] OP []
 OP FPUT SE ( FIRST :VEKTOR ) + ( FIRST FIRST :FIGUR ) ( LAST :VEKTOR ) + ( LAST
 FIRST :FIGUR ) TL BF :FIGUR :VEKTOR
END
```

Man erkennt, daß die Funktion rekursiv ist. Dann muß sie eine Abbruchbedingung haben. Diese kann nur lauten, daß die Figur überhaupt keine Punkte enthält, so daß die Liste :FIGUR die leere Liste ist. Denn sonst gäbe es mindestens einen Punkt zu verschieben. Auch für den Abbruchfall muß die Funktion TL einen Funktionswert haben. Dies kann nur die leere Liste sein, denn jeder Punkt in ihr hätte einen Urbildpunkt, so daß die Abbruchbedingung nicht erfüllt gewesen wäre.

Nun ist der Hauptfall zu bearbeiten, in dem die Liste :FIGUR mindestens einen Punkt enthält. Darin muß zunächst die erste Zahl des Verschiebungsvektors :VEKTOR zur ersten Zahl des ersten Punktes und die zweite Zahl des Verschiebungsvektors :VEKTOR zur zweiten Zahl des ersten Punktes der Liste :FIGUR addiert werden. Die beiden Summen werden mit Hilfe der Logo-Funktion SENTENCE (kurz: SE) zur Position des ersten Figurpunktes der Bildfigur zusammengefaßt. Diese wird mit FPUT in die durch TL schon verschobene Restfigur BF :FIGUR eingefügt. Nun erhält man mit der Logo-Anweisung MAKE "B TL :A [-220 0] in :B das durch den Vektor [-220 0] verschobene 18-Eck , das in "A gespeichert ist.

Die nächste Aufgabe besteht darin, das Vieleck in beide Drehrichtungen zu drehen. Wir vereinfachen, indem wir nur Drehungen von 360/:ECKENZAHL zulassen, so daß das 18-Eck nur um Vielfache von 360/18 gedreht werden kann. Dann lösen die beiden folgenden Funktionen zunächst den Fall der Drehung um 360/:ECKENZAHL :

```
TO ROTL1 :FIGUR
 OP LPUT FIRST :FIGUR BF :FIGUR
END
```

```
TO ROTR1 :FIGUR
 OP FPUT LAST :FIGUR BL :FIGUR
END
```

Es wird einfach eine Ringverschiebung der Punkte um einen Platz vorgenommen. Den allgemeinen Fall lösen die beiden Funktionen

```
TO ROTL :N :FIGUR
 LOCAL "FIG MAKE "FIG :FIGUR
 REPEAT :N [MAKE "FIG ROTL1 :FIG]
 OP :FIG
END
```

```
TO ROTR :N :FIGUR
 LOCAL "FIG MAKE "FIG :FIGUR
 REPEAT :N [MAKE "FIG ROTR1 :FIG]
 OP :FIG
END
```

Hier wird der einfache Fall jeweils :N mal hintereinander ausgeführt. Wendet man diese Funktionen für :N = 3 in beiden Drehrichtungen auf das ursprüngliche Vieleck mit dem Namen "A und das verschobene Vieleck mit dem Namen "B an, so erhält man vier weitere Figuren mit den Namen "A1, "A2, "B1 und "B2, die mit den folgenden Logobefehlen vereinbart werden.

```
MAKE "A1 ROTR 3 :A        MAKE "A2 ROTL 3 :A
```

```
MAKE "B1 ROTL 3 :B        MAKE "B2 ROTR 3 :B
```

Nun bleibt noch übrig, die jeweils an gleicher Stelle liegenden Punkte von :A1 und :B1 einerseits und von :A2 und :B2 andererseits zu verbinden. Dies leistet die Prozedur

```
TO GLEICH.VERBINDEN :FIG1 :FIG2
 IF :FIG1 = [] STOP
 STRECKE FIRST :FIG1 FIRST :FIG2
 GLEICH.VERBINDEN BF :FIG1 BF :FIG2
END
```

Auch diese Prozedur ist rekursiv. Ihre Ausführung muß abgebrochen werden, wenn die Punktliste :FIG1 (oder :FIG2) leer ist. In diesem Fall wird die Bearbeitung durch den Logobefehl STOP beendet. Sonst werden die beiden ersten Punkte von :FIG1 und :FIG2 durch eine Strecke verbunden, und die Prozedur GLEICH.VERBINDEN wird auf die Restfiguren angewendet, die durch Streichung des ersten Punktes aus den beiden Figuren :FIG1 und :FIG2 entstehen. Nun zeichnen also die Prozeduraufrufe

GLEICH.VERBINDEN :A1 :B1 und GLEICH.VERBINDEN :A2 :B2

die beiden Streckenscharen auf dem Hyperboloid.

Schließlich sollten auch die beiden Vielecke :A und :B gezeichnet werden. Dies kann nicht einfach durch die Prozedur ZUG geschehen, weil dann die letzte Vieleckseite nicht gezeichnet wird. Die folgende Prozedur setzt den ersten Punkt noch einmal als letzten in eine Figur und wendet dann die Prozedur ZUG an, die nun zu ihm zurückzeichnen muß.

```
TO ZUG.V :FIGUR
 ZUG FPUT LAST :FIGUR :FIGUR
END
```

Faßt man alle Anweisungen zusammen, erhält man das folgende Programm HYPERBOLOID in der C64-Version. Der .ASPECT-Befehl dehnt die Bilder auf dem Bildschirm in y-Richtung.

```
TO HYPERBOLOID
 LOCAL "N MAKE "N 18
 DRAW .ASPECT 1.5
 AUF [70 0]
 MAKE "A VIELECK :N 15
 MAKE "B TL :A [-220 10]
 MAKE "A1 ROTR QUOTIENT :N 6 :A
 MAKE "A2 ROTL QUOTIENT :N 6 :A
 MAKE "B1 ROTL QUOTIENT :N 6 :B
 MAKE "B2 ROTR QUOTIENT :N 6 :B
 BG 1 PC 0
 ZUG :A ZUG :B
 GLEICH.VERBINDEN :A1 :B1
 GLEICH.VERBINDEN :A2 :B2
END
```

In dieser Aufgabe wurde mit Figuren "gerechnet", ohne daß man die Koordinaten der Figurpunkte kennen mußte. Dazu sind problemangepaßte Funktionen TL, ROTL und ROTR sowie die Zeichenprozeduren GLEICH.VERBINDEN und ZUG.V entwickelt worden, die die Lösung der speziellen Aufgabe ermöglichten. Diese Vorgehensweise wird nun an einem zweiten Beispiel vorgeführt.

Aufgabe: Drehe eine Figur um einen bestimmten Punkt um einen bestimmten Winkel.

Die folgende Funktion dreht einen Punkt :P um den Punkt :M und den Winkel :W und gibt den Bildpunkt als Funktionswert aus:

```
TO P.DREH :P :M :W
 AUF :M
 SETH RICHTUNG :P
 LT :W
 PU FD LAENGE :M :P
 OP POS
END
```

In der Funktion wird eine Funktion LAENGE :P :Q verwendet, die den Abstand der beiden Punkte :P und :Q als Funktionswert hat.

```
TO LAENGE :P :Q
 OP SQRT ( ( ( FIRST :P ) - ( FIRST :Q ) ) * ( ( FIRST :P ) - ( FIRST :Q ) ) + (
 ( LAST :P ) - ( LAST :Q ) ) * ( ( LAST :P ) - ( LAST :Q ) ) )
END
```

Die Punktdrehung P.DREH eines Punktes :P um einen Drehpunkt :M und den Winkel :W kann man dazu verwenden, auch ganze Figuren drehen. Dies leistet die Funktion F.DREH:

```
TO F.DREH :FIGUR :M :W
 IF :FIGUR = [] OP []
 OP FPUT P.DREH FIRST :FIGUR :M :W F.DREH BF :FIGUR :M :W
END
```

Die leere Figur braucht nicht gedreht zu werden. Ist die Figur nicht leer, so fügt man den ersten gedrehten Punkt in die gedrehte Restfigur ein, die aus der Figur durch Streichung des ersten Punktes entsteht. Diese Funktion soll nun für die folgende Aufgabe verwendet werden:

Aufgabe: Zeichne eine Kette von 5-Ecken. Die Kette soll aus einem Ring mit 7 regelmäßigen 5-Ecken als Kettengliedern bestehen. Dabei soll zunächst unberücksichtigt bleiben, mit welcher Zeichenprozedur die Kettenglieder gezeichnet werden (Bild 1.4).

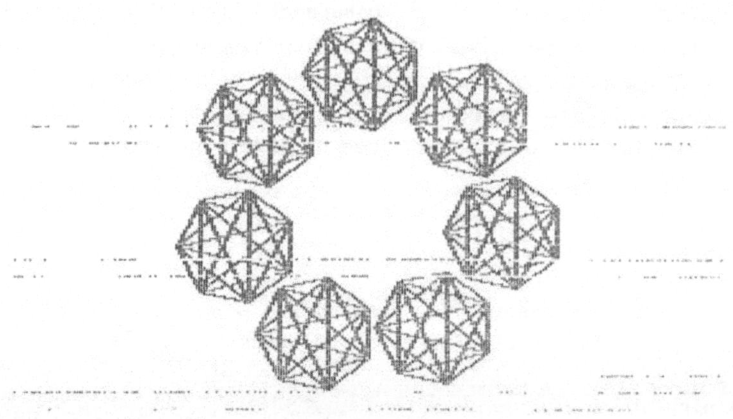

Bild 1.4
Diese 7-Eck-Kette wird mit dem Befehl KETTE7 gezeichnet.

Ein Kettenglied ist ein regelmäßiges 5-Eck. Wir wählen die Seitenlänge 40. Der Mittelpunkt des Rings soll der Bildschirmmittelpunkt [0 0] sein. Daher muß das 5-Eck zunächst verschoben werden, so daß der Mittelpunkt außerhalb des 5-Ecks liegt. Das verschobene 5-Eck wird dann noch 6 mal um den Winkel 360/7 um den Bildschirmmittelpunkt [0 0] gedreht. Nach jeder Drehung erhält man ein weiteres 5-Eck als Kettenglied. Die Zeichnung jedes Kettenglieds ergibt den Ring.

Zur Durchführung des Plans wählen wir als Verschiebungsvektor [40 0]. Dann erhält man mit dem Logo-Befehl MAKE "A1 TL VIELECK 5 40 [40 0] das mit diesem Verschiebungsvektor verschobene 5-Eck :A1 als erstes Kettenglied. Es kann durch den Logo-Befehl RUN LIST :BEFEHL :A1 gezeichnet werden, wenn in :BEFEHL der Prozedurname für den gewünschten Zeichenbefehl eingegeben wird. Für den weiteren Verlauf stellt man eine lokale Zählvariable :I bereit, die den Anfangswert 1 erhält. Den Rest erledigt man in einer Schleife (Schleifenanfang und -ende in C64-Version). Wir geben gleich die Lösung an:

```
TO ECKE5 :BEFEHL
 DRAW
 LOCAL "I MAKE "I 1
 MAKE "A1 TL VIELECK 5 40 [40 0]
 RUN LIST :BEFEHL :A1
 SCHLEIFE:
 MAKE "I :I + 1
 MAKE WORD "A :I F.DREH THING WORD "A :I - 1 [0 0] 360 / 10
 RUN LIST :BEFEHL THING WORD "A :I
 IF :I = 10 STOP
 GO "SCHLEIFE
END
```

Bemerkenswert an dieser Lösung ist die Verwendung eines Prozedurnamenparameters (:BEFEHL). In Logo kann man eine Liste zusammenstellen, die Logo-Befehle enthält. Verwendet man sie als Eingabe des Logo-Befehls RUN, werden die in der Liste stehenden Logo-Befehle der Reihe nach ausgeführt. Dies ist hier geschehen, um noch offen zu lassen, mit welcher Zeichenprozedur das Vieleck gezeichnet wird. Man kann dort den Prozedurnamen "ZUG.V oder "ALLES.VERBINDEN einsetzen. Ferner erzeugt das Programm die Variablennamen "A2, "A3, "A4 und "A5 mit dem Befehl WORD "A :I und weist ihnen je nach dem Wert von :I eine der aus der Drehung entstandene Vielecksfigur F.DREH THING WORD "A :I-1 [0 0] 360/7 zu, d. i. das 5-Eck, das aus der Drehung des unmittelbar vorher erzeugten 5-Ecks um den Ursprung [0 0] und den Winkel 360/7 entstanden ist. Am Ende stehen also alle 7 5-Ecke :A1 , :A2, ..., :A7 zur weiteren Bearbeitung zur Verfügung. Das Programm ist deshalb sehr aufwendig in der Belegung des Speicherplatzes im Hauptspeicher. Das folgende Programm kommt mit nur zwei 5-Eckvariablen aus.

```
TO KETTE :N :S :POS :BEFEHL
 DRAW .ASPECT 0.9
 LOCAL "I MAKE "I 1
 LOCAL "A1 LOCAL "A2
 MAKE "A1 TL VIELECK :N :S :POS
 RUN LIST :BEFEHL :A1
 SCHLEIFE:
 MAKE "I :I + 1
 MAKE "A2 F.DREH :A1 [0 0] 360 / :N
 RUN LIST :BEFEHL :A2
 MAKE "A1 :A2
  IF :I = :N STOP
 GO "SCHLEIFE
END
```

Es enthält vier Parameter, die der Benutzer richtig verwenden muß. Oftmals schreibt man eigene Aufrufprogramme für Prozeduren mit so vielen Parametern, weil man die Reihenfolge und Bedeutung der einzelnen Parameter nicht im Kopf behalten will. Ein Beispiel für ein solches Aufrufprogramm ist das folgende Programm.

```
TO KETTE7
 KETTE 7 30 [0 50] "ALLES.VERBINDEN
END
```

1.4 Exkurs: Rekursionen

Die Prozeduren ZUG, VERBINDEN und ALLES.VERBINDEN sind rekursiv. Rekursive Verfahren bieten sich immer dann an, wenn die zu bearbeitende Datenstruktur rekursiv ist. Um zu verstehen, was das heißt, vergleiche man die folgenden Erklärungen:

Ein Wald ist ein Baum oder die Anpflanzung eines Baumes an einen Wald.
Eine Treppe ist eine Stufe oder die Anstufung einer Stufe an eine Treppe.
Ein Wort ist das leere Wort oder die Wortanfügung eines Zeichens an ein Wort.
Ein Satz ist der leere Satz oder die Satzanfügung eines Wortes an einen Satz.
Ein Text ist der leere Text oder die Textanfügung eines Satzes an einen Text.
Eine Liste ist die leere Liste oder die Listeneinfügung eines Wortes oder einer Liste als letztes Element in eine Liste.

Diese Erklärungen haben alle dasselbe Schema:
Eine Kette ist die leere Kette oder die Kettenanfügung eines Kettenglieds an eine Kette.

Wie ein Logo-Wort in dieses rekursive Schema paßt, kann man erkennen, wenn man die Ausdrücke 'Kette' als 'Logo-Wort', 'leere Kette' als 'leeres Logo-Wort' (geschrieben: "), 'Kettenanfügung' als die Logo-Funktion 'WORD' und 'Kettenglied' als ein zulässiges Zeichen in einem Logo-Wort interpretiert.

Die Erklärung einer Kette reicht nicht aus, um erkennen zu können, ob eine vorgegebene Datenstruktur einen rekursiven Aufbau nach dem Kettenschema hat. Dazu muß man zwei Kettenzerlegungsfunktionen einführen, die man mit 'Letztes' und 'Ohneletztes' bezeichnen kann. Die Definitionsmenge dieser beiden Funktionen ist jeweils die Menge der nicht leeren Ketten. Der Funktionswert für die Funktion Letztes(Kette) ist das letzte Kettenglied der Kette und für die Funktion Ohneletztes(Kette) die Kette ohne ihr letztes Kettenglied. Nun kann man entscheiden, ob eine vorgegebene Datenstruktur eine Kettenstruktur hat, indem man feststellt, ob die Datenstruktur die leere Kette ist oder Letztes(Kette) ein Kettenglied und Ohneletztes(Kette) eine Kette ist.

Im Beispiel des Logo-Worts ist die Kettenfunktion Letztes(Kette) die Logo-Funktion LAST :WORT und die Kettenfunktion Ohneletztes(Kette) die Logo-Funktion BUTLAST :WORT. Nach der obigen Erklärung ist eine in Logo vorgegebene Datenstruktur :X vom Typ Logo-Wort, wenn :X das leere Logo-Wort oder LAST :X ein zulässiges Zeichen eines Logo-Worts und BUTLAST :X ein Logo-Wort ist.

Wie das Logo-Wort haben auch die Logo-Datenstrukturen Logo-Satz und Logo-Liste eine rekursive Kettenstruktur. Für den Logo-Satz gelten die folgenden Interpretationen: 'Kette' wird als 'Logo-Satz' interpretiert, 'leere Kette' als 'leere Logo-Liste', 'Kettenglied' als 'Logo-Wort', 'Kettenanfügung' als die Logo-Funktion SENTENCE (kurz: SE), 'Letztes' als 'LAST' und 'Ohneletztes' als BUTLAST'.

Für die Logo-Liste gilt: 'Kette' bedeutet 'Logo-Liste', 'leere Kette' 'leere Logo-Liste', 'Kettenglied' 'Logo-Wort oder Logo-Liste', 'Kettenanfügung' die Logo-Funktion 'LPUT', 'Letztes' die Logo-Funktion 'LAST' und 'Ohneletztes' die Logo-Funktion 'BUTLAST'.

Auch die im vorigen Abschnitt behandelte 'Figur' hat das Kettenschema, denn sie ist eine Logo-Liste von Logo-Sätzen aus jeweils zwei Logo-Wörtern, die bei ihrer Anwendung vom Logo-System als Zahlen und von uns im letzten Abschnitt als die Bildschirmkoordinaten von Punkten einer Figur interpretiert werden.

Man erkennt, daß die Grunddatentypen Logo-Wort, Logo-Satz und Logo-Liste zusammen mit ihren Zusammensetzungs- und Zerlegungsfunktionen vom rekursiven Datentyp Kette sind. Das Beispiel der Definition der Figur und ihrer Zeichenprozeduren ZUG, VERBINDEN und ALLES.VERBINDEN zeigt auch, daß es sinnvoll ist, weitere Datenstrukturen zusammen mit ihren Bearbeitungsfunktionen und -prozeduren zu entwickeln. In den folgenden Kapiteln wird dies in verschiedenen Gebieten der Geometrie durchgeführt, indem auf der Grundlage der primitiven Datenstrukturen und der primitiven Prozeduren und Funktionen von Logo dem Gebiet entsprechende Datentypen eingeführt und bearbeitet werden.

Die Ähnlichkeit der nach der rekursiven Datenstruktur 'Kette' aufgebauten Datenstrukturen hat eine Ähnlichkeit von Bearbeitungsprozeduren und -funktionen für diese Datenstrukturen zur Folge, so daß dieselben Bearbeitungsmuster immer wieder auftreten, wenn auch in neuen Formulierungen. Die Vereinbarungen der Bearbeitungsprozeduren und -funktionen sind denen geläufig, die die Grunddatenstrukturen von Logo, Wort, Satz und Liste, bearbeiten gelernt haben. Aber sie sind gerade an den im letzten Kapitel genannten Beispielen auch leicht zu erkennen. Man vergleiche die folgende Erklärung eines Streckenzuges mit der Zeichenprozedur ZUG :LISTE

Eine Streckenzug ist ein Punkt oder die Zeichnung einer Strecke an einen Streckenzug.

```
TO ZUG :FIGUR
 IF ( COUNT :FIGUR ) < 2 STOP
 STRECKE FIRST :FIGUR FIRST BF :FIGUR
 ZUG BF :FIGUR
END
```

Die Prozedur ZUG enthält die **Abbruchbedingung** (COUNT :LISTE)<2. Sie ist erfüllt, wenn in der Figur :LISTE höchstens ein Punkt enthalten ist. Wenn sie erfüllt ist, soll der Logo-Befehl STOP ausgeführt werden. Dieser Befehl ist die **Abbruchsanweisung** der Prozedur ZUG. Jede rekursive Prozedur muß eine Abbruchbedingung und eine Abbruchanweisung enthalten. Beide zusammen ergeben den **Abbruchfall** der rekursiven Prozedur. In der obigen Erklärung eines Streckenzuges ist der Abbruchfall durch den Ausdruck 'ist ein Punkt', der vor dem Wort 'oder' steht, angegeben worden. Der folgende Fall, der durch den Ausdruck 'die Zeichnung einer Strecke an einen Streckenzug' angegeben worden ist, soll als **Normalfall** der rekursiven Prozedur bezeichnet werden. Er enthält die Zeichnung einer Strecke vom ersten zum zweiten in der Figur :LISTE enthaltenen Punkt. Anschließend wird der erste Punkt aus der Liste gestrichen, und die Prozedur ZUG wird mit der so reduzierten Liste aufgerufen. Beide Anweisungen zusammen bewirken, daß eine Strecke vom ersten zum zweiten Punkt der Liste an den Reststreckenzug (ohne den ersten Punkt) gezeichnet wird.

Es verblüfft den Anfänger oft, daß eine solche Prozedur korrekt arbeitet. Aber man prüfe:

1. Der Abbruchfall ist mit seiner Abbruchbedingung und seiner Abbruchanweisung korrekt formuliert. Man hat nur zu akzeptieren, daß ein Punkt als Grenzfall eines Streckenzugs aufgefaßt werden darf. Im übrigen würde die Prozedur ZUG :LISTE sogar für den Fall, daß :LISTE die leere Liste ist, korrekt arbeiten, nämlich überhaupt nichts tun.
2. Wenn man voraussetzen darf, daß der rekursive Aufruf der Prozedur ZUG mit der reduzierten Liste BF :LISTE korrekt arbeitet, wird die Strecke vom ersten Punkt an den durch den rekursiven Aufruf zu erstellenden Reststreckenzug korrekt herangezeichnet. Die Voraussetzung ist aber erfüllt, wie man sich am einfachsten klar macht, wenn man sich der Reihe nach Listen vorstellt, die 2, 3, ..., n Punkte enthalten, wobei n eine natürliche Zahl ist, die größer als 2, aber sonst beliebig groß ist.
3. Die Zahl n ist nach ihrer Definition endlich. Allgemein muß gelten: Jede rekursive Prozedur muß nach endlich vielen Aufrufen abbrechen und dabei den Abbruchfall erreichen.

Mathematiker werden erkennen, daß in diesen drei für die Überprüfung der Korrektheit der rekursiven Prozedur wesentlichen Feststellungen ein Beweis mit Hilfe des Prinzips der 'vollständigen Induktion' möglich ist, den man auch den Schluß von n auf n+1 nennt. Tatsächlich wird in der ersten Feststellung der Abbruchfall für n=1 geprüft. Nach der zweiten Feststellung darf man voraussetzen daß die Prozedur für n Punkte korrekt arbeitet. Man muß dann prüfen, ob der (n+1)te Punkt korrekt an den Streckenzug gezeichnet wird. Die dritte Feststellung ist im allgemeinen für Prozeduren nicht selbstverständlich, während sie hier wie bei den natürlichen Zahlen immer erfüllt ist: Durch wiederholtes Subtrahieren der Zahl 1 von einer beliebigen Zahl, die größer oder gleich 2 ist, kann man die Zahl 1 erreichen.

Uns geht es in diesem Buch grundsätzlich nicht um mathematische Darstellungen wie zum Beispiel um einen Korrektheitsbeweis nach dem Verfahren der vollständigen Induktion. Soweit sie erforderlich sind, sind sie in Lehrbüchern nachzulesen, die den entsprechenden Lehrstoff zum Inhalt haben. Hier geht es um eine besondere Anwendung dieses Lehrstoffs in Rechenverfahren, für deren Beschreibung Logo eine geeignete Programmiersprache ist. Diese Rechenverfahren beziehen sich oft auf rekursive Datenstrukturen vom Typ Kette. Die speziell darauf anwendbaren Verfahren sollte man konstruieren lernen. Die drei Punkte, die bei der Prüfung der Korrektheit der Prozedur ZUG :LISTE angegeben worden sind, kann man in drei Punkte für die Konstruktion solcher Verfahren umformen:

1. Konstruiere den Abbruchfall mit seiner Abbruchbedingung und seiner Abbruchanweisung.
2. Konstruiere den Normalfall. Dabei darf vorausgesetzt werden, daß der rekursive Aufruf korrekt arbeitet. Es muß nur darauf geachtet werden, daß er korrekt in den Normalfall eingearbeitet wird.
3. Prüfe, ob das rekursive Verfahren endlich viele Aufrufe enthält und in den Abbruchfall mündet.

Diese Vorgehensweise soll nun auf ein zweites Beispiel aus dem vorigen Abschnitt angewendet werden, in dem die Prozedur VERBINDEN :P :FIGUR danach konstruiert wird:

1. Die Abbruchbedingung ist erfüllt, wenn die Figur keine Punkte enthält. In Logo schreibt man dafür :FIGUR = []. Die Abbruchanweisung ist: Brich das Verfahren ab. In Logo schreibt man dafür STOP.
2. Im Normalfall muß man eine Strecke vom gegebenen Punkt zum ersten Punkt der Figur ziehen. Dies leistet der Logo-Befehl STRECKE :P FIRST :FIGUR . Anschließend reduziert man die Figur um den ersten Punkt. Nun darf man voraussetzen, daß der rekursive Aufruf auf die so reduzierte Liste korrekt arbeitet. In Logo lautet der zugehörige Befehl: VERBINDEN :P BF :FIGUR . Die Hintereinanderausführung der beiden Zeichenprozeduren muß die korrekte Verbindungsfigur zeichnen, wenn beide Befehle für sich korrekt arbeiten.
3. Das Verfahren ist nach endlich vielen Schritten beendet, weil eine Figur nur endlich viele Punkte enthält. Nach der Durchführung dieser Schritte ist die die Figur darstellende Liste leer, so daß die Abbruchbedingung erfüllt, die Abbruchanweisung ausgeführt und damit die Bearbeitung der Prozedur beendet wird.

Die rekursiven Zeichenprozeduren ZUG und VERBINDEN sind besonders einfach, weil sie die einfachste aller Abbruchanweisungen haben (brich die Ausführung der Prozedur ab, d. h. STOP) und weil die Zusammensetzung zweier Anweisungen im Normalfall ihre Hintereinanderausführung ist, so daß sie einfach hintereinander geschrieben werden können. Dies ist bei rekursiven Funktionen anders, denn sowohl im Abbruchfall als auch im Normalfall muß der Funktionswert angegeben werden, der ausgegeben werden soll. Deshalb soll hier nun eine rekursive Funktion nach dem Konstruktionsverfahren vereinbart werden. Wir wählen dafür die Funktion TL :FIGUR :VEKTOR aus dem vorigen Abschnitt, die eine in :FIGUR eingegebene Figur um einen Vektor verschiebt, der in :VEKTOR als das Zahlenpaar seiner Komponenten eingegeben wird.

1. Die Abbruchbedingung ist wie oben auch hier erfüllt, wenn die Figur keine Punkte hat; also gilt auch hier in Logo, wenn sie erfüllt ist, daß :FIGUR = [] ist. Aber die Abbruchanweisung lautet hier: Gib die verschobene Figur als Funktionswert aus. Wenn die Figur keine Punkte hat, kann die verschobene Figur auch keine Punkte haben; also muß die leere Liste als Funktionswert ausgegeben werden. Die Logo-Anweisung dafür ist: OUTPUT []. Im Programmlisting steht für den Logo-Befehl OUTPUT seine Abkürzung OP.
2. Im Normalfall hat die Figur mindestens einen Punkt; für den Normalfall muß der Funktionswert der Funktion TL :FIGUR :VEKTOR jetzt konstruiert werden. Nach unserer Erklärung ist der Funktionswert eine Liste von Punkten; sie entsteht folgendermaßen: Aus der gegebenen Liste wird durch die Funktion BF der erste Punkt gestrichen. Die reduzierte Liste wird mit TL rekursiv aufgerufen, was die verschobene Restfigur ergibt, die mit dem Logo-Ausdruck TL BF :FIGUR :VEKTOR angegeben wird. In sie muß der erste Punkt wieder als erster Punkt eingesetzt werden, nachdem er verschoben worden ist. Die beiden Koordinaten des Bildpunktes des ersten Punktes ergeben sich, indem die erste Zahl aus der Zweizahlenliste :VEKTOR zur ersten Zahl aus dem ersten Punkt der Liste :FIGUR und entsprechend die zweite Zahl aus der Zweizahlenliste :VEKTOR zur zweiten Zahl aus dem ersten Punkt der Liste :FIGUR addiert wird. Die beiden Summen müssen zu einer Zweizahlenliste zusammengefaßt werden, die die Logo-Darstellung des ersten Punktes nach der Verschiebung ist. Die Zusammenfassung der beiden Koordinaten zu einer Liste bewirkt die Funktion SENTENCE (kurz: SE); der gesamte Logo-Ausdruck für den verschobenen ersten Punkt lautet:
   ```
   SE (FIRST :VEKTOR) + (FIRST FIRST  :FIGUR)
      (LAST :VEKTOR) + (LAST FIRST :FIGUR)
   ```
   Die durch ihn erzeugte Zweizahlenliste wird mit Hilfe der Logo-Funktion FPUT in die oben bezeichnete verschobene Restfigur eingesetzt. Schließlich wird der Funktionswert der Logo-Funktion FPUT nach der Anwendung des Logo-Befehls OUTPUT (OP) als Funktionswert von TL ausgegeben. Damit

ist die Erzeugung des Funktionswerts der Funktion TL im Normalfall abgeschlossen. Ihr Logo-Term wirkt sehr kompakt, denn es müssen alle aufgeführten Bestandteile darin enthalten sein. Er lautet:

```
OP  FPUT  SE (FIRST :VEKTOR ) + (FIRST FIRST :FIGUR)
             (LAST  :VEKTOR ) + (LAST FIRST  :FIGUR)
          TL BF :FIGUR :VEKTOR
```

3. Daß dieses Verfahren nach endlich vielen Schritten abgeschlossen ist, folgt wieder daraus, daß nach jedem rekursiven Aufruf eine um einen Punkt reduzierte Liste :FIGUR zu bearbeiten ist. Daher wird der Abbruchfall erreicht.

Zusammenfassend und ergänzend läßt sich sagen:
Rekursionen können als rekursive Daten, rekursive Verfahren (Prozeduren) und rekursive Funktionen auftreten. Die Definition rekursiver Daten ist wie die Definition rekursiver Begriffe überhaupt eine für das menschliche Denkvermögen grundlegende Möglichkeit. Ohne sie sind die natürlichen Zahlen wie im römischen Zahlensystem nur endlich denkbar, und der Nachweis ihrer Unbegrenztheit muß wie ein Stellenwertsystem oder die archimedische Sandrechnung ihre Rekursivität enthalten. Denn die römischen Zahlzeichen werden durch Standarddefinitionen definiert, in denen der zu definierende Term (das definiendum) und seine Bedeutung (das definiens) explizit so angegeben werden, daß das definiendum im definiens nicht wieder auftritt. In endlich vielen solcher Standarddefinitionen sind nur Zahlen definierbar, die eine obere Grenze haben. Rekursive Definitionen dürfen dagegen das definiendum im definiens enthalten, wenn die Regeln des rekursiven Definierens eingehalten werden. Dies geschieht dann, wenn die oben angeführten drei Punkte beachtet werden. Wir haben gesehen, daß mit Logo eine Programmiersprache zur Verfügung steht, die die Definition von rekursiven Datenstrukturen sowie ihrer Bearbeitungsverfahren prinzipiell unbeschränkt möglich macht. Auch wenn durch die begrenzte Speicherkapazität Grenzen gesetzt sind, hindern uns diese nicht, die dem menschlichen Denken analoge Vorgehensweise durch Algorithmen darzustellen, um sie vom Computer bearbeiten zu lassen. Es stellt sich allerdings die Frage, was mit der Verwendung einer Programmiersprache in der Geometrie über diese hinaus erreicht werden kann. Davon und von der Verwendung der verschiedenen Sprachebenen nebeneinander handelt der nächste Abschnitt.

2 Trigonometrie

2.1 Aufgabenstellung und Lösung der Grundaufgaben

In der elementaren Geometrie gibt es vier Kongruenzsätze. Diesen entsprechen vier Grundaufgaben, für die sich in der Schulgeometrie die Abkürzungen SSS, SWS, SWW und SSW eingebürgert haben. Damit ist gemeint:

Es ist ein Dreieck zu konstruieren, wenn die folgenden Dreiecksgrößen gegeben sind:
- seine drei Seiten: SSS;
- zwei Seiten und der eingeschlossene Winkel: SWS;
- eine Seite und zwei Winkel: SWW;
- zwei Seiten und der der ersten Seite gegenüberliegende Winkel: SSW.

Sind die Dreiecksgrößen gegeben, so daß sich ein Dreieck zeichnen läßt, ist dieses bei den ersten drei Grundaufgaben eindeutig bestimmt, während es bei der letzten dann eindeutig ist, wenn die erste, dem gegebenen Winkel gegenüberliegende Seite größer oder gleich der zweiten ist. In diesem Fall darf man von "dem" bis auf Kongruenz eindeutig gegebenen Dreieck sprechen. Alle Konstruktionsteile in ihm sind hinsichtlich ihrer Größe eindeutig bestimmt. Man kann sagen, daß aufgrund des jeweiligen Kongruenzsatzes jedes Dreieck bis auf seine Lage und jede Dreiecksgröße durch die gegebenen Stücke gekennzeichnet ist.

In der Trigonometrie lernt man, die fehlenden Dreiecksstücke rechnerisch zu ermitteln. Dabei muß man voraussetzen, daß für die zu berechnenden Größen Einheiten festgelegt sind, so daß man sich bei der Berechnung auf ihre Maßzahlen beschränken kann. Für die Winkelgrößen wird im folgenden vereinbart, daß sie in Winkelgrad gemessen werden.

Will man eine Programmiersprache für die Berechnung der fehlenden Dreiecksstücke anwenden, so genügt die oben angegebene Kennzeichnung des Dreiecks durch die drei gegebenen Größen nicht. Sie überläßt dem Bearbeiter -ob er die Lösung zeichnerisch oder rechnerisch vornimmt- eine zu große Freiheit in der Auswahl des Lösungswegs. Demgegenüber verlangt ein Algorithmus, daß das nächste zu berechnenede Stück eindeutig determiniert ist. Dies kann durch eine Funktion geschehen, so daß es den vier Grundaufgaben entsprechend vier verschiedene Funktionsausdrücke mit den Bezeichnungen SSS, SWS, SWW und SSW gibt. Die Eingabevariablen für die vier Funktionen müssen Variable für die Maßzahlen der gegebenen Dreiecksgrößen sein. Der Funktionswert ist nun zu vereinbaren. Wir stellen fest, daß es zwei Größenarten von gegebenen Größen gibt, Längen und Winkel. Der Funktionswert einer der vier angegebenen Funktionen soll die Maßzahl der Größe sein, die der mittleren gegebenen Größe gegenüberliegt, aber von der anderen Größenart als sie ist.

Nun müssen wir uns auf die von uns gewählte Programmiersprache Logo einlassen. Die Schreibweise für die Funktionsausdrücke SSS, SWS, SWW und SSW kann von Logo direkt übnernommen werden. Aber die Werte der Variablen haben in dieser Programmiersprache einen führenden Doppelpunkt. Bezeichnet man dementsprechend die Maßzahlen der Längen der Dreiecksseiten mit :A , :B und :C und die Größen der gegenüberliegenden Dreieckswinkel mit :WA, :WB und :WC, so lautet der Cosinussatz in der Logo-Schreibweise:

```
:A * :A = :B * :B + :C * :C - 2 * :B * :C * COS :WA
```

Mit Hilfe dieses Satzes können die beiden Funktionen SWS und SSS vereinbart werden.

Die Funktion SWS :B :WA :C

Der Funktionswert der Funktion SWS :B :WA :C ist entsprechend der Vereinbarung die Seitenlänge von :A (Bild 2.1). Man erhält die Rechenvorschrift für ihre Berechnung aus dem Cosinussatz unmittelbar durch Ziehen der Quadratwurzel.

Damit ergibt sich das folgende Logo-Programm:

```
TO SWS :B :WA :C
 TEST :WA < 180
 IFT OP SQRT ( :B * :B + :C * :C - 2 * :B * :C * COS :WA )
 OP [IN SWS UNLOESBAR!]
END
```

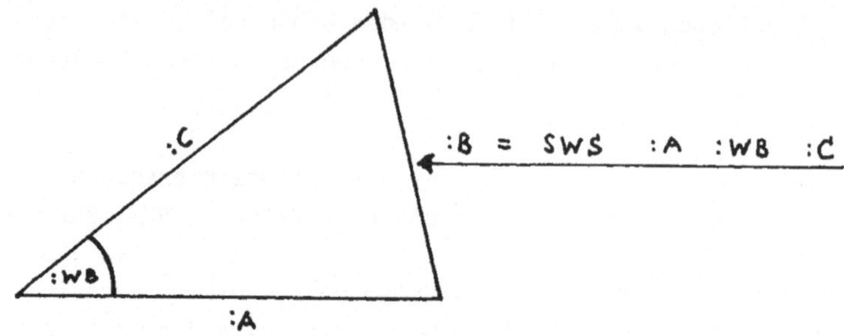

Bild 2.1
SWS :A :WB :C ist die Länge der Dreiecksseite B: eines Dreiecks mit den beiden Seiten :A und :C und dem eingeschlossenen Winkel :WB.

Weist man den Variablen :B , :WA und :C durch die Logo-Befehle MAKE "B 50 MAKE "C 70 MAKE "WA 60 Werte zu und gibt den Logobefehl MAKE "A SWS :B :WA :C, wird die Seitenlänge der dem Winkel :WA gegenüberliegenden Seite durch die Funktion SWS berechnet und ihr Wert der Variablen mit dem Namen "A zugewiesen. Da SWS auch ein Kongruenzsatz ist, ist die dem Winkel :WA gegenüberliegende Seite bei allen vernünftigen Eingaben eindeutig bestimmt. Im Programm ist berücksichtigt, daß :WA nur Eingaben zwischen 0 und 180 haben sollte. Die Berücksichtigung der korrekten Definitionsmenge einer Funktion liegt normalerweise in der Verantwortung des Anwenders, aber eine Fehlermeldung ist bei zusammengesetzten Aufgaben für ihn informativ.

Nun sollen die drei anderen Grundaufgaben als Logo-Funktionen geschrieben werden. Vorher muß dafür gesorgt werden, daß die Winkelfunktionen und ihre Umkehrfunktionen in der gewünschten Form zur Verfügung stehen.

Winkelfunktionen und ihre Umkehrungen in Logo

In Logo sind meistens die beiden Winkelfunktionen SIN und COS implementiert. Die TAN-Funktion erhält man aus der Gleichung
TAN :W = (SIN :W)/(COS :W):

```
TO TAN :W
 OP ( SIN :W ) / ( COS :W )
END
```

Für Winkelbestimmmungen benötigt man mindestens eine der Umkehrfunktionen von SIN, COS oder TAN. Meistens ist die ARCTAN-Funktion in Logo implementiert. Wir gehen hier davon aus, daß ihre Definitionsmenge die Menge der reellen Zahlen und ihre Wertemenge das beiderseits offene Intervall von -90 bis +90 ist. Die anderen arc-Funktionen muß man meistens selbst definieren:

```
TO ARCSIN :Y
 IF :Y > 0.999891 OP 90
 IF :Y < - 0.999891 OP - 90
 OP ARCTAN ( :Y / SQRT ( 1 - :Y * :Y ) )
END
```

```
TO ARCCOS :Y
 OP 90 - ARCSIN :Y
END
```

Damit sind die Vorbereitungen abgeschlossen. Auf dieser Grundlage lassen sich auch die anderen Grundaufgaben lösen.

Die Funktion SSS :A :B :C

In der Funktion SSS :A :B :C muß für die drei Seiten :A, :B und :C die Dreiecksungleichung erfüllt sein, nach der die Summe von zwei beliebigen Dreiecksseiten größer als die dritte sein muß. Als Funktionswert ist der der mittleren Seite gegenüberliegende Winkel :WB vereinbart worden.

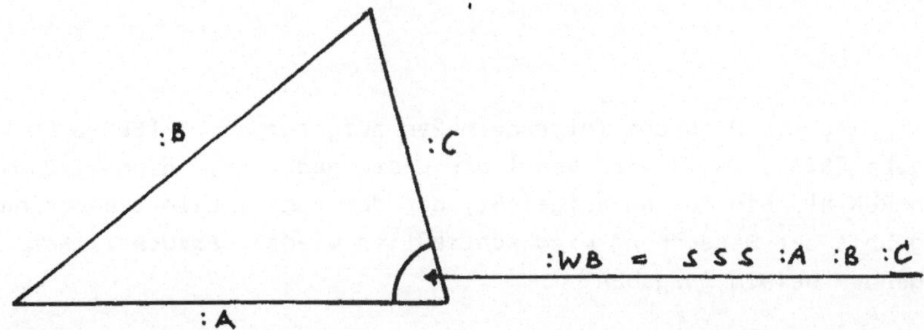

Bild 2.2
SSS :A :B :C ist der Winkel :WB, der der gegebenen Seite :B in einem Dreieck gegenüberliegt, in dem die beiden anderen Seitenlängen :A und :C sind.

Man benötigt für die Rechenvorschrift zur Berechnung des Funktionswertes den Cosinussatz in der folgenden Umformung (Bild 2.2)

```
COS :WB = ( :A * :A + :C * :C - :B * :B ) / 2 / :A / :C
```

Damit ergibt sich das Logo-Programm:

```
TO SSS :A :B :C
 TEST ( ALLOF :A + :B > :C :A + :C > :B :B + :C > :A )
 IFT OP ARCCOS ( :A * :A + :C * :C - :B * :B ) / 2 / :A / :C
 OP [IN SSS UNLOESBSAR!]
END
```

Proben:

Die Lösungen SWS und SSS sollten auf die Probe gestellt werden. Es empfiehlt sich, dafür ein Probenprogramm zu schreiben, das im folgenden T (Abkürzung für Test) heißen soll. Seine Eingabe ist ein Logo-Befehl in eckigen Klammern. Er soll durch T getestet werden. Dazu muß er zunächst ausgedruckt werden. Das steht im Programmlisting von T in der ersten Zeile. Dann muß er ausgeführt und das Ergebnis ausgedruckt werden. Das tut der Befehl
PRINT SE [LOESUNG:] RUN :BEFEHL.

```
TO T :BEFEHL
 PRINT SE [AUFGABE:] :BEFEHL
 PRINT []
 PRINT [LOESUNG:]
 PRINT RUN :BEFEHL
 PRINT []
 PRINT []
END
```

Zum Test wird ein Programm folgendermaßen aufgerufen: T [SWS 3 90 4]
Die Eingabe [SWS 3 90 4] wird von T als Liste gedruckt, dann wird die Eingabe von RUN als ein Befehl aufgefaßt, der den Funktionswert berechnet, und das Ergebnis der Berechnung wird schließlich wieder gedruckt. Man erhält die folgenden beiden Ausgaben:

```
AUFGABE: SWS 3 90 4
LOESUNG: 5
```

Es folgen nun die Ausgaben weiterer Programmabläufe:

```
AUFGABE: SWS 5 60 5
LOESUNG: 5

AUFGABE: SSS 6 6 6
LOESUNG: 60

AUFGABE: SSS 3 5 4
LOESUNG: 90
```

Die beiden folgenden Grundaufgaben werden mit dem Sinussatz gelöst. Die Formel lautet in der Schreibweise von Logo:

```
( SIN :WA ) / :A   =   ( SIN :WB ) / :B
```

Die Funktion SWW :A :WB :WA

Es ist eine Seite, ein anliegender und ein gegenüberliegender Winkel gegeben. Wir vereinbaren, daß der Funktionswert die dem anliegenden Winkel gegenüberliegende Seite ist. Die zugehörige Umformung des Sinussatzes ist (Bild 2.3):

```
:B = :A * ( SIN :WB ) /  SIN :WA
```

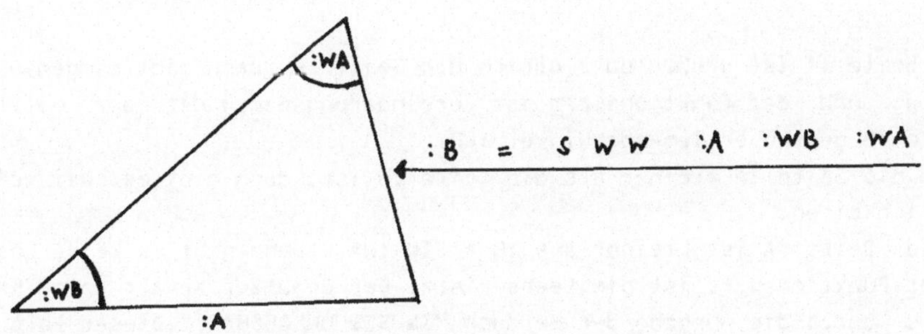

Bild 2.3
SWW :A :WB :WA ist die Dreiecksseite B:, die dem gegebenen Winkel :WB in dem Dreieck gegenüberliegt, in dem sonst noch eine Seite :A und ihr gegenüberliegender Winkel :WA gegeben sind.

Daraus ergibt sich das Funktionsprogramm

```
TO SWW :A :WB :WA
 TEST :WA + :WB < 180
 IFT OP :A * ( SIN :WB ) / SIN :WA
 OP [IN SWW UNLOESBAR!]
END
```

Mit dem Testprogramms T ergibt sich:

```
AUFGABE: SWW 6 30 90
LOESUNG: 3
```

Die Funktion SSW :A :B :WA

Dieser Fall ist schwieriger, weil je nach der Größe des gegebenen Stücke drei Fälle zu beachten sind. Wir vereinbaren deshalb, daß folgendes als Funktionswert ausgegeben wird (Bild 2.4):

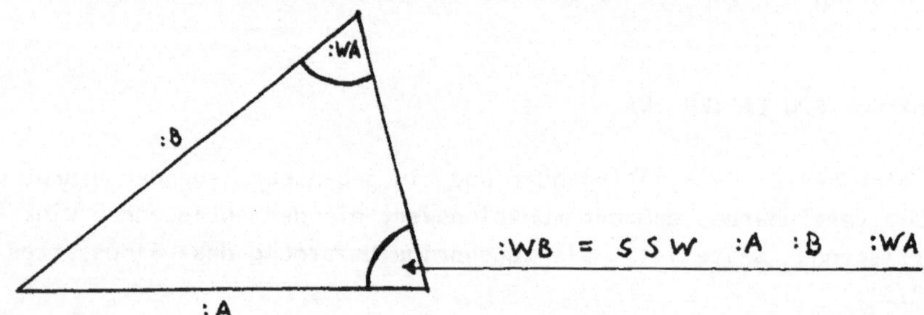

Bild 2.4
SSW :A :B :WA ist der Winkel :WB, der der gegebenen Seite :B in einem Dreieck gegenüberliegt, in dem sonst noch eine Seite :A und ihr gegenüberliegender Winkel :WA gegeben sind. Hier ist der Fall :A > :B gezeichnet.

- Die Seite :A ist größer oder gleich der Seite :B. Dann gibt es genau eine Lösung und der Funktionswert ist vereinbarungsgemäß der der mittleren Seite :B gegenüberliegende Winkel :WB.
- Wenn die Seite :A kleiner als die Seite :B ist, dann gibt es zwei weitere Möglichkeiten:
- - Die Seite :A ist kleiner als :B * SIN :WA. Dann gibt es keine Lösung. Der Funktionswert ist die leere Liste. Der Benutzer erhält davon Kenntnis durch die Ausgabe der Meldung "IN SSW UNLOESBAR!".Dieser Fall ist in Bild 2.6 dagestellt.

- - Im zweiten Fall gibt es zwei Lösungen. Wir vereinbaren, daß dann die Meldung "2 LOESUNGEN" ausgedruckt wird. Der Funktionswert ist der Zweizahlensatz, der aus den Größen der beiden möglichen Winkel :WA besteht. Der Benutzer muß diesen Funktionswert aufgrund der Meldung weiter bearbeiten (vgl. dazu das 2. Beispiel in Abschnitt 2.2 und Bild 2.6).

Die Umformung des Sinussatzes für die Bestimmung des Funktionswertes der Funktion SSW :A :B :WA ist:

```
SIN :WB = :B * ( SIN :WA ) / :A
```

Der Funktionswert wird je nach der vorliegenden Fallunterscheidungen im folgenden Listing berechnet, wobei eventuelle Meldungen ausgedruckt werden.

```
TO SSW :A :B :WA
 LOCAL "WB
 MAKE "WB ARCSIN :B * ( SIN :WA ) / :A
 TEST NOT :A < :B
 IFT OP :WB
 TEST :A < :B * SIN :WA
 IFT PRINT [IN SSW UNLOESBAR!]
 IFT OP []
 PR [2 LOESUNGEN!]
 OP SE :WB 180 - :WB
END
```

Mit Hilfe des Testprogramms T kann man die folgenden Tests ausführen:

```
AUFGABE: SSW 2 6 30
LOESUNG: IN SSW UNLOESBAR!

AUFGABE: SSW 3 6 30
LOESUNG: 2 LOESUNGEN
         [90 90]

AUFGABE: SSW 4 6 30
LOESUNG: 2 LOESUNGEN
         [48.5555 131.444]

AUFGABE: SSW 7 6 30
LOESUNG: 25.3773
```

2.2 Anwendungen der Grundaufgaben

Zunächst kann man die Grundaufgaben direkt zur Berechnung der fehlenden Seiten und Winkel eines Dreiecks verwenden, wenn eine Seite und zwei andere Stücke aus der Menge der Seiten und Winkel des Dreiecks gegeben sind. Es empfiehlt sich dann, die gegebenen und zu berechnenden Daten in globalen Variablen zu speichern, damit man sie ggf. für eine weitere Verwendung zur Verfügung hat.

1. Beispiel: SWS

Gegeben sei ein Dreieck mit den Seiten 600 LE, 241 LE und dem von ihnen eingeschlossenen Winkel 29.9 Winkelgrad. Gesucht sind die fehlenden Winkel und die dem gegebenen Winkel gegenüberliegende Seite (Bild 2.5).

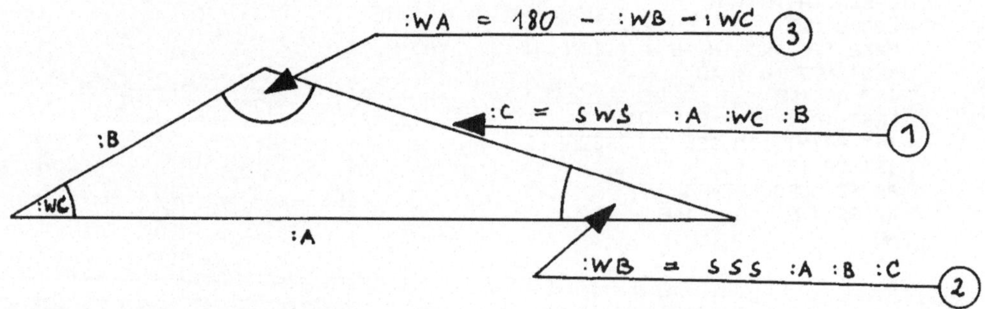

Bild 2.5
Fall SWS: Die angegebenen Stücke sind gegeben. Die geforderten Stücke können in der angegebenen Reihenfolge durch die angegebenen Rechenvorschriften berechnet werden.

Lösung:

1. Speichern der gegebenen Größen: MAKE "A 600 MAKE "B 241 MAKE "WC 29.9
2. Berechnung der gesuchten Größen:

```
MAKE "C SWS :A :WC :B
MAKE "WA SSS :B :A :C
MAKE "WB 180 - :WA - :WC
```

Man erkennt an der letzten Wertzuweisung, daß mit dem MAKE-Befehl die Eingabe ausgewertet wird, ehe er sie zuweist. Das ist bei Benutzeranwendungen wichtig zu wissen.

3. Ausgabe der Ergebnisse:

Die Logo-Befehle

```
PRINT SE [ :C = ] :C
PRINT SE [:WA = ] :WA
PRINT SE [:WB = ] :WB
```

ergeben der Reihe nach die folgenden Sätze als Ausgabe:

```
:C  = 409.118
:WA = 133.021
:WB = 17.0788
```

Die Ausgabe der Dreiecksgrößen kann auch mit PO NAMES erfolgen.

2. Beispiel SSW (Fall zwei Lösungen)

Die gegebenen Werte werden gleich mit Hilfe der Logo-Anweisung MAKE ihren Variablen zugewiesen.

1. Gegeben:
   MAKE "B 2017   MAKE "C 1846   MAKE "WC 60.5 (siehe Bild 2.6)

2. Lösung:
   MAKE "WB SSW :C :B :WC
   Es erfolgt die Meldung: 2 LOESUNGEN!

```
MAKE "WB1 FIRST :WB
MAKE "WB2 LAST :WB
MAKE "WA1 180 - :WC - :WB1
MAKE "WA2 180 - :WC - :WB2
MAKE "A1 SWS :B :WA1 :C
MAKE "A2 SWS :B :WA2 :C
```

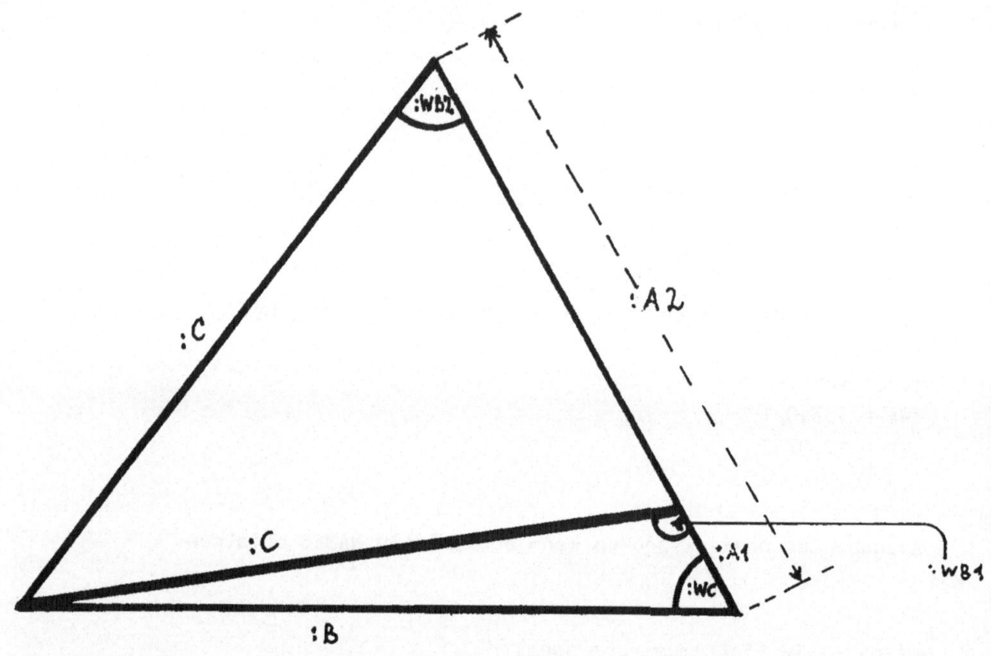

Bild 2.6
Die zeichnerische Lösung im 2. Anwendungsbeispiel SSW ergibt zwei Lösungen, weil :C < :B ist.

3. Ausgabe der Dreiecksgrößen: PO NAMES

Es ergeben sich die folgenden Werte:

```
IN SSW ZWEI LOESUNGEN!
:WB = [ 71.9785 108.021 ]
:WB1 = 71. 9785                 :WB2 = 108.021
:WA1 = 47.5215                  :WA2 = 11.4784
:A1  = 1564.38                  :A2 = 422.441
```

Mit Hilfe der vier Grundfunktionen lassen sich auch Dreiecksberechnungen vornehmen, wenn statt der Seiten oder Winkel andere Stücke wie Höhen, Seitenhalbierende oder Winkelhalbierende gegeben sind. Man versucht dann zunächst, Teildreiecke zu bestimmen. Im folgenden werden die Höhen mit "HA, "HB und "HC, die Seitenhalbierenden mit "SA, "SB und "SC und die Winkelhalbierenden mit "WHA, "WHB und "WHC bezeichnet.

3. Beispiel: :B :WA :WHC

1. Gegeben:
MAKE "B 20   MAKE "WA 60   MAKE "WHA 15 (Bild 2.7)

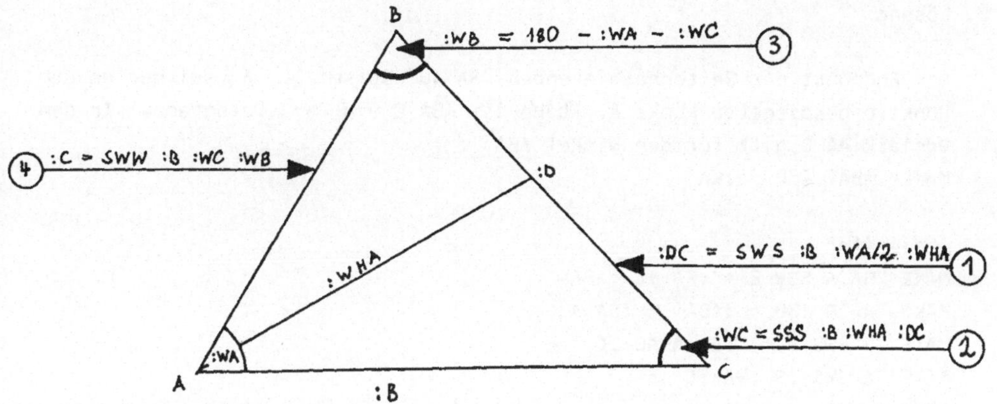

Bild 2.7
Im 3. Beispiel sind die Größen :B, :WA und :WHA gegeben. Man kann zuerst das Teildreieck ABD konstruieren. Die Rechnung folgt den Schritten der Konstruktion.

2. Lösung:

Der Endpunkt von "WHA auf der Seite BC sei D. Dann gilt für die Länge der Seite DC die Wertzuweisung:

```
MAKE "DC SWS :B :WA/2 :WHA
```

und weiter

```
MAKE "WC SSS :B :WHA :DC      MAKE "WB 180 - :WA - :WC
MAKE "C SWW :B :WC :WB        MAKE "A SWS :C :WA :B
```

Es ergeben sich die Werte:

```
:DC = 10.2657        :WC = 46.9009        :WB = 73.0991
:C  = 15.2626        :A  = 18.1023
```

4. Beispiel: :C :WA :SA

1. Gegeben:

```
MAKE "C 6    MAKE "WA 50    MAKE "SA 4 (Bild 2.8)
```

2. Lösung:

Der Endpunkt der Seitenhalbierenden "SA auf BC sei D. A' sei der an dem Punkt D gespiegelte Punkt A. Dann ist ABA'C ein Parallelogramm. In dem Dreieck AA'B gilt für den Winkel ABA' :

```
MAKE "ABA' 180 - :WA
```

und weiter

```
MAKE "BA'A SSW 2 * :SA :C :ABA'
MAKE "AA'B 180 - :ABA' - :BA'A
MAKE "B SWS 2 * :SA :A'AB :C
MAKE "A SWS :B :WA :C
MAKE "WC SSS :A :C :B
```

Es wird berechnet: :A = 4.74171 :B = 2.69131 :WC = 104.23

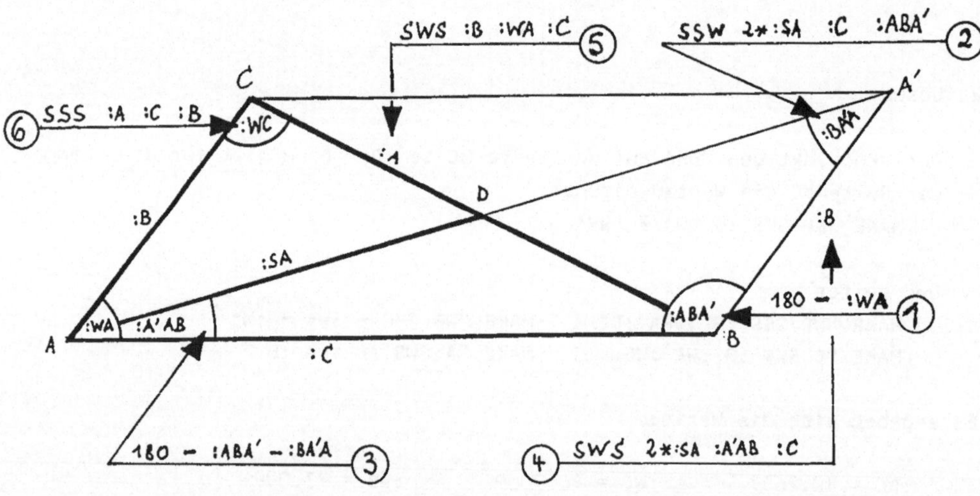

Bild 2.8
Beispiel :C :WA :SA : Das Dreieck wird an dem Punkt D gespiegelt. Die Größen des so entstehenden Parallelogramms ABA'C werden in der angegebenen Reihenfolge durch die angegebenen Rechenvorschriften berechnet.

2.3 Ein interaktives Dreiecksberechnungsprogramm

Wenn man das im vorigen Abschnitt besprochene Verfahren zur Berechnung von Längen und Winkeln geometrischer Figuren häufig anwenden muß, werden die sich ständig wiederholenden MAKE-Befehle lästig. Daher fragt man sich, ob die schematische Arbeit auch von einem Programm erledigt werden kann. Dazu muß man zunächst angeben, was das Programm leisten soll.

Die Eingabe soll aus drei Bestimmungsstücken eines Dreiecks bestehen. Diese sollen als Echo wieder ausgegeben werden, so daß man die gegebenen Bestimmungsstücke auf dem Bildschirm stehen hat und sich an ihnen für die weitere Lösung orientieren kann.

Nach der Eingabe sollen so viele Berechnungen von Dreiecksstücken in einer Schleife folgen können, wie der Benutzer es wünscht. Dazu muß er bei jedem Schleifendurchlauf zunächst angeben, wie das Bestimmungsstück heißt, das berechnet werden soll. Dann muß er die Rechenvorschrift angeben für seine Berechnung in der Logo-Schreibweise angeben.

Der Computer berechnet das gewünschte Bestimmungsstück und gibt die gegebenen und bisher berechneten Bestimmungsstücke zur Information des Benutzers auf dem Bildschirm aus. Dieser kann dann entscheiden, ob die Berechnung beendet oder das Programm mit der Berechnung eines weiteren Bestimmungsstückes fortgesetzt werden soll.

Wir nennen das Programm DREIECKSBERECHNUNG.
Zunächst werden, nachdem der Bildschirm gelöscht worden ist, einige Variable als lokale Variable in diesem Programm vereinbart: "X1, "X2 und "X3 sind die Namen der Variablen, die die Namen der gegebenen Bestimmungsstücke aufnehmen sollen; "NN ist der Name des nächsten zu berechnenden Bestimmungsstückes und "AUFGABENTYP ist die Variable für die Rechenvorschrift zur Berechnung dieses Bestimmungsstückes. Nach der Bereitstellung der Variablen folgt mit dem Programm #EINGABE die Eingabe der gegebenen Bestimmungsstücke. Dann wird die Schleife zur Berechnung des nächsten Bestimmungsstücks ausgeführt. Diese Schleife enthält im wesentlichen die Programme #TYP und #BERECHNUNG. Nach der Schleife werden mit #AUSGABE die gegebenen und bis dahin berechneten Bestimmungsstücke ausgegeben.

```
TO DREIECKSBERECHNUNG
 CLEARTEXT
 LOCAL "X1 LOCAL "X2 LOCAL "X3
 LOCAL "AUFGABENTYP
 LOCAL "NN
 LOCAL "AUSGABE MAKE "AUSGABE []
 #ERKLAERUNG
 #EINGABE
 LOCAL "J
 SCHLEIFE:
 #TYP
 #BERECHNUNG
 CLEARTEXT PR [BEKANNT SIND:] #AUSGABE PR []
 PRINT ['NOCH EINE BERECHNUNG? DANN TIPPE: J ']
 IF RC = "J PR [] GO "SCHLEIFE
 PRINT "
 #AUSGABE
END
```

Die Eingabe der gegebenen Bestimmungsstücke wird im folgenden Programm vorgenommen:

```
TO #EINGABE
 PR []
 PRINT [GIB DIE NAMEN UND DIE WERTE DER DREI]
 PR [GEGEBENEN STUECKE DES DREIECKS EIN!] PR []
 LOCAL "I MAKE "I 1
 SCHLEIFE:
 IF :I > 3 STOP
 ( PRINT :I ['. STUECK: '] )
 PRINT1 ['NAME: '] MAKE WORD "X :I FIRST RQ
 PRINT1 ['WERT: '] MAKE THING WORD "X :I RUN RQ
 PR []
 MAKE "I :I + 1
 GO "SCHLEIFE
END
```

Abgesehen von benutzerfreundlichem Text wird eine Zählvariable "I für die Zählung von 1 bis 3 in einer Schleife bereitgestellt. Im Schleifenkörper wird mit dem Befehl MAKE WORD "X :I FIRST RQ aus der mit Hilfe des Logo-Befehls RQ eingelesenen Einwortliste dieses eine Wort -es ist der Name des :I-ten gegebenen Bestimmungsstücks, den der Benutzer einzugeben hat- herausgelesen (FIRST RQ) und es je nach dem Wert von :I einer Variablen X1, X2 oder X3 zugewiesen, wobei diese Variablennamen durch die Zusammenfügung des Zeichens "X und der aktuellen Zählvariablen erzeugt werden. Nachdem dem Programm damit der Name des gegebenen Bestimmungsstücks bekannt ist, mu es nun erfahren, welchen Wert der Benutzer diesem Bestimmungsstück vom Tastatur aus zuweisen will. Die Logofunktion THING WORD "X :I hat den Namen des Bestimmungsstücks als Funktionswert, der soeben eingegeben worden ist. Dieser wird zu einem Variablennamen für den Wert dieses Bestimmungsstücks, indem ihm nun ein Wert vom Terminal eingelesen wird. Der Logo-Befehl RQ bewirkt den Halt des Programms, der nötig für eine Eingabe vom Terminal ist. Aber die Eingabe wird als eine Zahl in einer Liste zusammengefaßt. Nun ist der Wert eines Bestimmungsstücks keine Liste. Daher muß er wieder aus ihr herausgelesen werden. Dies haben wir oben mit Hilfe der Logo-Funktion FIRST gemacht. Aber hier verwenden wir die Logo-Funktion RUN . Sie hat eine Liste zur Eingabe, faßt diese als eine Logo-Funktion auf und berechnet ihren Funktionswert. Der Funktionswert einer konstanten Funktion ist diese Konstante; RUN [3] ergibt daher 3 -genau wie FIRST [3]. Warum ist RUN besser als FIRST? Nun kann in der Eingabe für RUN auch die Liste [12 + 17/60] stehen. RUN wertet die Funktion oder Operation in der Liste aus, so daß man auf diese Weise wie oben angedeutet z. B. auch Angaben in Winkelminuten eingeben kann. (Die Namen der Unterprogramme werden alle durch ein führendes Zeichen # gekennzeichnet.)

Das Listing der Prozedur #TYP :

```
TO #TYP
 PR []
 PR [GIB DEN NAMEN DES STUECKES AN,]
 PR [DAS BERECHNET WERDEN SOLL-]
 PR [NAME OHNE FUEHRENDES ZEICHEN]
 MAKE "NN FIRST RQ
 PR []
 PR [GIB DIE RECHENVORSCHRIFT AN,]
 PR [VARIABLE MIT FUEHRENDEM DOPPELPUNKT :]
 MAKE "AUFGABENTYP RQ
 MAKE "AUSGABE SE :AUSGABE :NN
 PR []
END
```

Zunächst wird der Name des nächsten zu berechnenden Bestimmungsstücks abgefragt und der dafür vorgesehenen Variablen mit dem Namen "NN zugewiesen. Er wird später einer in der Variablen AUSGABE befindlichen Liste von Namen der bisher berechneten Bestimmungsstücke hinzugefügt, damit auch er in der Ausgabe erscheint. Dann wird die Rechenvorschrift abgefragt und der für sie vorgesehenen Variablen mit dem Namen "AUFGABENTYP zugewiesen.

Das Programm #BERECHNUNG :

```
TO #BERECHNUNG
 MAKE :NN RUN :AUFGABENTYP
END
```

Die Rechenvorschrift :AUFGABENTYP wird mit RUN zum Ablaufen gebracht und der ermittelte Wert der in :NN stehenden Namensvariablen zugewiesen.

Nun muß noch die Ausgabe programmiert werden. Dies geschieht im Programm #AUSGABE:

```
TO #AUSGABE
 CLEARTEXT
 PRINT [GEGEBENE STUECKE:] PR []
 PR ( SE :X1 [=] THING :X1 :X2 [=] THING :X2 :X3 [=] THING :X3 )
 PR []
 LOCAL "AUS MAKE "AUS :AUSGABE
 PR [ERGEBNISSE:] PR []
 SCHLEIFE:
 IF :AUS = [] STOP
 PR ( SE FIRST :AUS [=] THING FIRST :AUS )
 MAKE "AUS BF :AUS
 GO "SCHLEIFE
END
```

In diesem Programm werden zunächst die gegebenen Bestimmungsstücke ausgedruckt. Dann wird die Liste AUSGABE der damit diese der Reihe nach von vorn her gedruckt und abgebaut werden kann. Wenn sie leer ist, ist das Programm beendet.

Anwendung des Programms

Für die Aufgabe SSW mit zwei Lösungen kann sich jetzt die unten angegebene Folge von Programmdurchgängen DREIECKSBERECHNUNG ergeben (Eingaben des Benutzers unterstrichen, Bildschirme in Bestimmungsstriche eingerahmt, vgl. Bild 2.9):

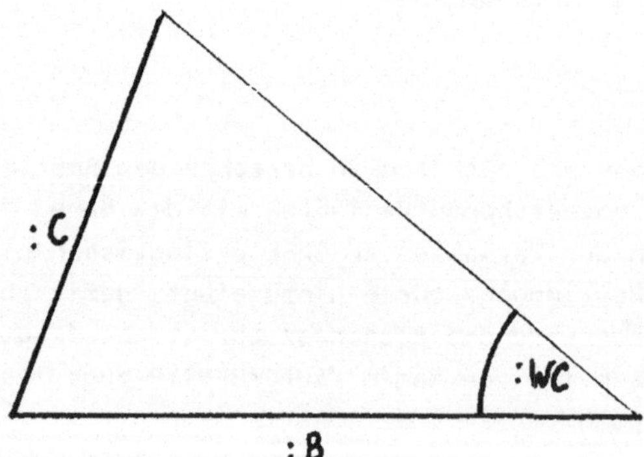

Bild 2.9
Die Stücke :C, :B und :WC sind gegeben. Es liegt der Fall SSW mit zwei Lösungen vor, weil :C < :B ist.

```
--------------------------------------------------------------------
********************************************************************

DREIECKSBERECHNUNG

GIB DIE NAMEN UND DIE WERTE DER DREI GEGEBENEN STUECKE DES
DREIECKS EIN!

1. STUECK:
NAME:    B
WERT:    2017

2. STUECK:
NAME:    C
WERT:    1846

3. STUECK
NAME:    WC
WERT     60 + 27/60

GIB DEN NAMEN DES STUECKES AN, DAS BERECHNET WERDEN SOLL -
OHNE FUEHRENDES ZEICHEN
WB

GIB DIE RECHENVORSCHRIFT AN, VARIABLE MIT FUEHRENDEM
DOPPELPUNKT
SSW :C :B :WC

2 LOESUNGEN!
********************************************************************
--------------------------------------------------------------------
```

Das erste Dreiecksstück WB ist berechnet (Bild 2.10).

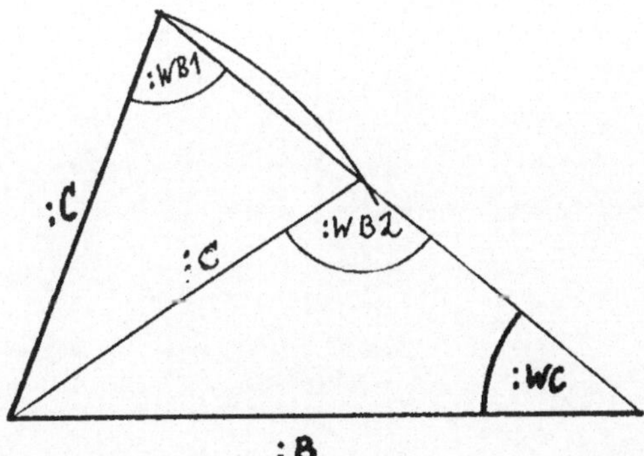

Bild 2.10
Nach der Berechnung von SSW :C :B :WC ergeben sich zwei Lösungen :WB1 und :WB2

Es erscheint ein neuer Bildschirm.

```
------------------------------------------------------------------------
************************************************************************

GEGEBENE STUECKE:

B = 2017   C = 1846  WC = 60.45

ERGEBNISSE:

WB = [ 71.8916  108.108 ]

NOCH EINE BERECHNUNG? DANN TIPPE: J  J

GIB DEN NAMEN DES STUECKES AN, DAS BERECHNET WERDEN SOLL -
NAME OHNE FUEHRENDES ZEICHEN
WB1

GIB DIE RECHENVORSCHRIFT AN, VARIABLE MIT FUEHRENDEM
DOPPELPUNKT
FIRST :WB
************************************************************************
------------------------------------------------------------------------
```

Es liegt der Fall "Zwei Lösungen" vor. Diese müssen durch FIRST und LAST herausgegriffen werden. (Sie existieren in einer Liste. FPRINT druckt die Listenklammern mit.)

Es erscheint ein neuer Bildschirm.

```
------------------------------------------------------------------
******************************************************************

GEGEBENE STUECKE:

B = 2017          C = 1846         WC = 60.45

ERGEBNISSE:

WB = [ 71.8916  108.108 ]
WB1 = 71.8916

NOCH EINE BERECHNUNG? DANN TIPPE: J  J

GIB DEN NAMEN DES STUECKES AN, DAS BERECHNET WERDEN SOLL -
NAME OHNE FUEHRENDES ZEICHEN
WB2

GIB DIE RECHENVORSCHRIFT AN, VARIABLE MIT FUEHRENDEM
DOPPELPUNKT
LAST :WB

******************************************************************
------------------------------------------------------------------
```

Es erscheint ein neuer Bildschirm.

```
------------------------------------------------------------------
******************************************************************

GEGEBENE STUECKE:

B = 2017    C = 1846   WC = 60.45

ERGEBNISSE:

WB = [ 71.8916  108.108 ]
WB1 = 71.8916
WB2 = 108.108

NOCH EINE BERECHNUNG? DANN TIPPE: J  J

GIB DEN NAMEN DES STUECKES AN, DAS BERECHNET WERDEN SOLL -
NAME OHNE FUEHRENDES ZEICHEN
WA1

GIB DIE RECHENVORSCHRIFT AN, VARIABLE MIT FUEHRENDEM
DOPPELPUNKT
180 - :WC - :WB1

******************************************************************
------------------------------------------------------------------
```

Es erscheint ein neuer Bildschirm. (vgl Bild 2.11)

```
------------------------------------------------------------------
******************************************************************

GEGEBENE STUECKE:

B = 2017   C = 1846  WC = 60.45

ERGEBNISSE:

WB = [ 71.8916  108.108 ]
WB1 = 71.8916
WB2 = 108.108
WA1 = 47.6584

NOCH EINE BERECHNUNG? DANN TIPPE: J  J

GIB DEN NAMEN DES STUECKES AN, DAS BERECHNET WERDEN SOLL -
NAME OHNE FUEHRENDES ZEICHEN
WA2

GIB DIE RECHENVORSCHRIFT AN, VARIABLE MIT FUEHRENDEM
DOPPELPUNKT
180 - :WC - :WB2

******************************************************************
------------------------------------------------------------------
```

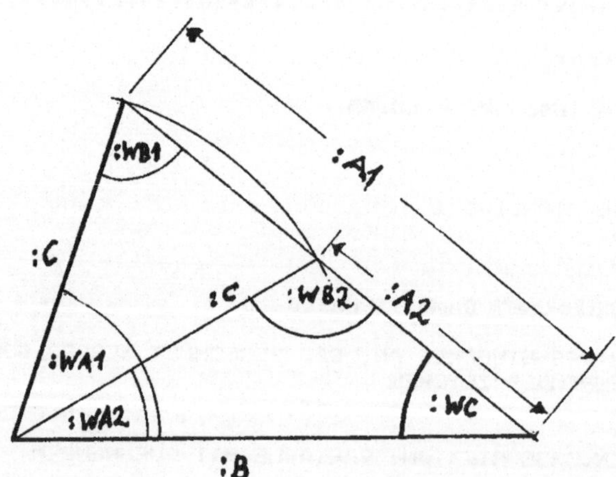

Bild 2.11
Die zeichnerische Lösung der mit dem Programm DREIECKSBERECHNUNG berechneten Größen.

Es erscheint ein neuer Bildschirm.

```
------------------------------------------------------------------
******************************************************************
GEGEBENE STUECKE:

B = 2017   C = 1846   WC = 60.45

ERGEBNISSE:

WB = [ 71.8916  108.108 ]
WB1 = 71.8916
WB2 = 108.108
WA1 = 47.6584
WA2 = 11.44
A1 = 1568.57
A2 = 421.309

NOCH EINE BERECHNUNG? DANN TIPPE: J  N
?

****************************************************************
----------------------------------------------------------------
```

2.4 Verallgemeinerung: Geometrische Berechnungen

Zunächst wird die Menge der geometrischen Funktionen erweitert. Es ist zweckmäßig, einige Funktionen für allgemeine geometrische Berechnungen zu vereinbaren. Dabei braucht man in der Kopfzeile der Funktionsprogramme außer dem den Programmierzustand einleitenden Wort TO nur den Programmnamen und die Variablen einzugeben. Im Programmrumpf steht hinter dem Logo-Wort OUTPUT (Kurzform OP) nur die Logo-Version der Rechenvorschrift zur Berechnung des Funktionswertes. Die folgenden Funktionen werden vereinbart:

Berechnung der Hypothenuse eines rechtwinkligen Dreiecks bei gegebenen Katheten (Bild 2.12):

```
TO HYP :K1 :K2
 OP SQRT ( :K1 * :K1 + :K2 * :K2 )
END
```

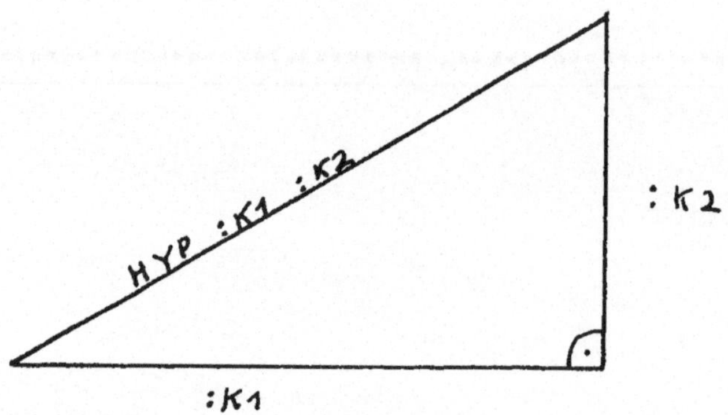

Bild 2.12
HYP :K1 :K2 ist die Länge der Hypothenuse eines rechtwinkligen Dreiecks mit den Kathetenlängen :K1 und :K2.

Berechnung der Kathete eines rechtwinkligen Dreiecks, wenn die Hyothenuse und die andere Kathete gegeben ist (Bild 2.13):

```
TO KATH :H :K
 OP SQRT ( :H * :H - :K * :K )
END
```

:H
:K
KATH :H :K

Bild 2.13
KATH :H :K ist die LLänge der zweiten Kathete eines rechtwinkligen Dreiecks, in dem die Hypothenuse die Länge :H und eine Kathete die Länge :K hat.

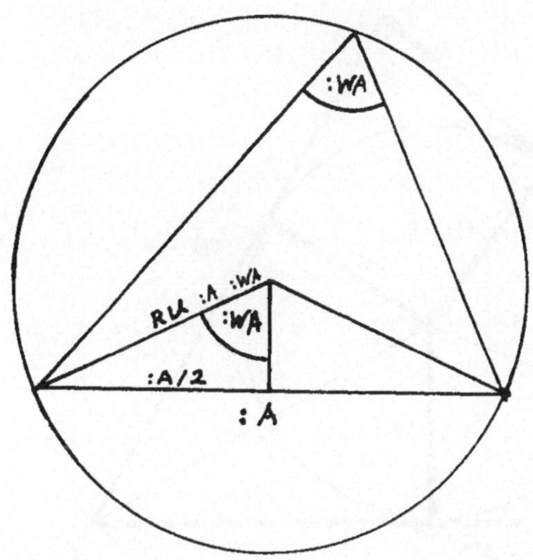

Bild 2.14
RU :A :WA ist die Länge des Umkreisradius eines Dreiecks mit der Seite :A und dem Gegenwinkel :WA.

Berechnung des Umkreisradius eines Dreiecks, wenn eine Seite und ihr Gegenwinkel gegeben ist:

Hier wird der Umfangswinkelsatz und die Tatsache ausgenutzt, daß der Umfangswinkel gleich dem halben zugehörigen Mittelpunktswinkel ist (Bild 2.14). Es gilt dann in der Logo-Terminologie, wenn :RU der Umkreisradius ist: SIN :WA = :A / 2 / :RU . Daraus folgt:

```
TO RU :SEITE :GEGENWINKEL
 OP :SEITE / 2 / SIN :GEGENWINKEL
END
```

Für weitere Funktionen zur Berechnung der Dreiecksgrößen gehen wir davon aus, daß man die drei Seiten berechnen kann, so daß die Formeln auf diese zurückgeführt werden können. Für die Dreiecksfläche A gilt zum Beispiel (Bild 2.15):

A = :C * :HC / 2

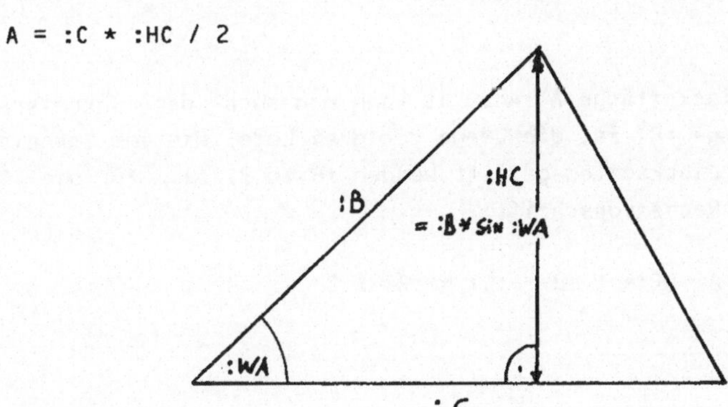

Bild 2.15
Die Fläche A eines Dreiecks berechnet sich als A = :C * :HC / 2 = (:B * :C * SIN :WA) / 2 = (:B * :C * SIN SSS :B :A :C) / 2 .

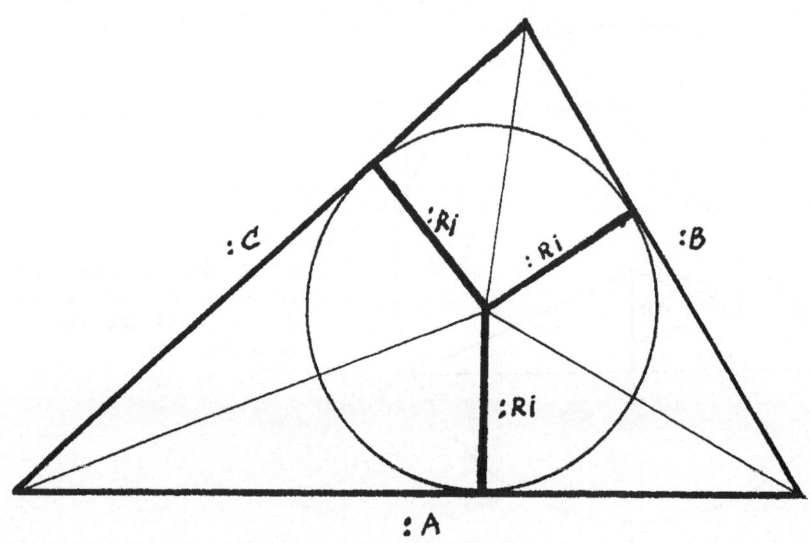

Bild 2.16
Sind :A, :B und :C im Dreieck gegeben, so kann man die Fläche A :A :B :C ausrechnen. Damit ergibt sich eine Möglichkeit zur Berechnung des Inkreisradius :RI .

Drückt man darin die Höhe :HC durch die Dreieckseite :B und den Winkel :WA aus, ergibt sich:

```
A = :C * :B * ( SIN :WA ) / 2
```

Damit erhält man die folgende Funktionsvereinbarung für die Berechnung der Dreiecksfläche aus den drei Dreieckseiten.

```
TO A :S1 :S2 :S3
 LOCAL "W1
 MAKE "W1 SSS :S2 :S1 :S3
 OP :S1 * :S2 * :S3 / 4 / RU :S1 :W1
END
```

Mit Hilfe der Dreiecksfläche A :A :B :C kann man auch den Inkreisradius bestimmen. Seine Länge :RI ist die Länge der drei Lote, die vom Inkreismittelpunkt auf die Dreieckseiten gefällt werden (Bild 2.16). Für die Dreiecksfläche gilt die Rechenvorschrift:

```
Dreiecksfläche A = (:A + :B + :C) * :RI / 2
```

Setzt man die rechten Seiten der beiden Formeln zur Berechnung der Dreiecksfläche A gleich, erhält man eine Formel zur Bestimmung des Inkreisradius :RI. Das zugehörige Logo-Programmlisting:

```
TO RI :S1 :S2 :S3
 OP 2 * ( A :S1 :S2 :S3 ) / ( :S1 + :S2 + :S3 )
END
```

Die Berechnung des Inkreisradius eines Dreiecks ist ein Beispiel dafär, wie man schrittweise Formeln erstellen kann. Nun soll das Dreieckberechnungsprogramm auf ein allgemeines Trigonometrieprogramm umgestellt werden, so daß man sich nicht mehr auf Dreiecke beschränken muß, sondern Größen beliebiger Figuren direkt berechnen kann, ohne daß sie aus Dreiecken zusammengesetzt werden.

Ein Trigonometrieprogramm

Gegenüber dem Dreiecksberechnungsprogramm haben sich nur das Hauptprogramm, das jetzt TRIGONOMETRIE heißt, und das Eingabe- und Ausgabeprogramm geändert. Wir listen die neuen Programme hier auf:

```
TO TRIGONOMETRIE
 CLEARTEXT
 LOCAL "AUFGABENTYP
 LOCAL "EINGABEN MAKE "EINGABEN 0
 LOCAL "NN
 LOCAL "AUSGABE MAKE "AUSGABE []
 #ERKLAERUNG
 #EINGABE1
 LOCAL "J
 SCHLEIFE:
 #TYP
 #BERECHNUNG
 CLEARTEXT PR [BEKANNT SIND:] #AUSGABE1 PR []
 PRINT1 ['NOCH EINE BERECHNUNG? DANN TIPPE: J ']
 IF RC = "J PR [] GO "SCHLEIFE
 PRINT "
 #AUSGABE1
END
```

```
TO #EINGABE1
 PR []
 PRINT [GIB DIE NAMEN UND DIE WERTE DER]
 PR [GEGEBENEN STUECKE DES DREIECKS EIN!] PR [BEI <RETURN> IST EINGABESCHLUSS!]
PR []
 LOCAL "I MAKE "I 1 LOCAL "XX
 SCHLEIFE:
 ( PRINT :I ['. STUECK: '] )
 PRINT1 ['NAME: '] MAKE "XX RQ
 IF EMPTY? :XX MAKE "EINGABEN :I STOP
 MAKE WORD "X :I FIRST :XX
 PRINT1 ['WERT: '] MAKE THING WORD "X :I RUN RQ
 PR []
 MAKE "I :I + 1
 GO "SCHLEIFE
END
```

```
TO #AUSGABE1
 CLEARTEXT
 PRINT [GEGEBENE STUECKE:] PR []
 LOCAL "J MAKE "J 1
 SCHLEIFE1:
 IF :J = :EINGABEN GO "VOR
 PR ( SE THING WORD "X :J [=] THING THING WORD "X :J )
 MAKE "J :J + 1
 GO "SCHLEIFE1
 VOR:
 PR []
 LOCAL "AUS MAKE "AUS :AUSGABE
 PR [ERGEBNISSE:] PR []
 SCHLEIFE2:
 IF :AUS = [] STOP
 PR ( SE FIRST :AUS [=] THING FIRST :AUS )
 MAKE "AUS BF :AUS
 GO "SCHLEIFE2
END
```

Die Änderungen rühren daher, daß nun beliebig viele Eingaben vorgenommen werden können (ggf. auch gar keine). Auch die Ausgabe hat sich verändert. Daher muß für die Eingabe und die Ausgabe eine zusätzliche Schleife vorgesehen werden. Für die Anzahl der Eingaben wird eine neue Variable "EINGABEN vereinbart. Eingabeabschluß wird durch Drücken der Taste <RETURN> erreicht. Diese Programmergänzungen und Veränderungen sind nicht sehr umfangreich.

Anwendungsbeispiel des Trigonometrieprogramms

Aufgabe: Von einer quadratischen Pyramide sei die Grundseite :A = 6 LE und die Höhe :H = 10 LE gegeben. Berechne die Oberfläche :O und das Volumen :V (Bild 2.17).

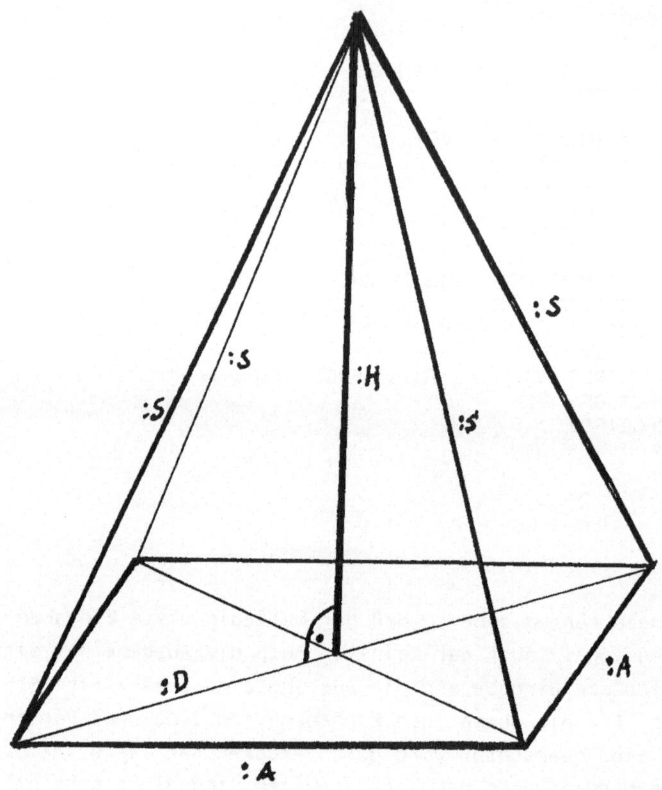

Bild 2.17
In einer senkrechten Pyramide sind die Grundkante :A und die Höhe :H gegeben. Alle anderen Größen kann man mit dem TRIGONOMETRIE-Programm ausrechnen.

Lösung:

Der Benutzer ruft das Programm TRIGONOMETRIE auf und gibt zunächst Namen und Wert von :A und :H ein. Dann folgt die Eingabe der Namen und Rechenvorschriften für die folgenden geometrischen Größen:

> Grundfläche
  Name: "G
  Rechenvorschrift: :A * :A
> Flächendiagonale der Grundfläche
  Name: "D
  Rechenvorschrift: HYP :A :A
> Seitenkante
  Name: "S
  Rechenvorschrift: HYP :H :D/2

```
> Seitenfläche
  Name: "DREIECK
  Rechenvorschrift: A :A :S :S
> Oberfläche
  Name: "O
  Rechenvorschrift: :G + 4 * :DREIECK
> Volumen:
  Name: "V
  Rechenvorschrift: :G * :H / 3
```

Die Berechnung ist beendet. Der Computer druckt nach jedem Rechenvorgang die gegebenen und berechneten Stücke, so daß am Ende die folgende Ausgabe auf dem Bildschirm steht:

```
BEKANNT SIND:
GEGEBENE STUECKE:
A = 6
H = 10

ERGEBNISSE:

G = 36
D = 8.48528
S = 10.8627
DREIECK = 31.32
O = 161.28
V = 120
```

Alle Variablenwerte stehen unter ihrem Variablennamen für weitere Bearbeitungen zur Verfügung, wovon man sich leicht mit Hilfe des Befehls PO NAMES überzeugt. Diese Anwendung reicht aus, um die Möglichkeiten der Rechenstruktur TRIGONOMETRIE aufzuzeigen.

3 Die Rechenstruktur Vektorrechnung

3.1 Die zweidimensionale Vektorrechnung

Im lezten Kapitel wurde eine Rechenstruktur der Geometrie entwickelt, in der mit geometrischen Größen wie Längen, Flächen, Rauminhalten und Winkeln gerechnet wird. Die Grundbegriffe der Geometrie des Raumes sind aber Punkte, Geraden und Ebenen. Daß man auch mit ihnen "rechnen" kann, beruht auf einer Interpretation der Geometrie, die Descartes in der analytischen Geometrie gegeben hat. Wir werden im nächsten Kapitel eine ihr entsprechende Logo-Rechenstruktur einführen. In der Schule wird die Vektorrechnung aus didaktischen Gründen in einem Zwischenschritt behandelt. Man findet sie in den entsprechenden Lehrbüchern der Schulgeometrie. Wir geben hier nur einen kurzen anschaulichen Weg an, damit man erkennen kann, wie sie mit Hilfe der Programmiersprache Logo beschrieben werden kann. Die Beschreibung muß sehr exakt sein, weil man beim Computer kein Vorverständnis und keine menschlichen Interpretationsfähigkeiten voraussetzen darf.

Eine Vorstufe des Vektorbegriffs ist der Begriff des Pfeils. Ein Pfeil kann als eine gerichtete Strecke aufgefaßt werden, die oft durch Anfangs- und Endpunkt bezeichnet und deren Richtung durch einen Pfeil markiert wird. Zu einem Pfeil gibt es unendlich viele Pfeile, die parallel zu ihm sind und dieselbe Länge und Richtung wie er haben. Alle diese Pfeile faßt man zu einer Klasse paralleler, gleichlanger und gleichgerichteter Pfeile zusammen und nennt diese Klasse den Vektor dieser Pfeile. Jeder Pfeil eines Vektors kennzeichnet diesen eindeutig, aber umgekehrt ist ein Pfeil nicht durch einen Vektor bestimmt. Diese Unbestimmtheit macht es möglich, daß man für Vektoren eine Addition einführen kann. Zwei Pfeile AB und PQ können im allgemeinen nicht addiert werden. Aber zu dem Pfeil PQ gibt es einen parallelgleichen und gleichgerichteten Pfeil BC aus derselben Pfeilklasse, der beim Endpunkt von AB beginnt und bei einem Punkt C endet. Der Pfeil AC kennzeichnet ebenso wie die Pfeile AB und BC einen Vektor und man schreibt für die Vektoren AB + PQ = AB + BC = AC, weil PQ und BC denselben Vektor darstellen.

Die Vektoraddition erfüllt die folgenden Sätze, wie man leicht geometrisch zeigt.

1. Die Vektorsumme zweier beliebiger Vektoren ist wieder ein Vektor.
2. Drei Vektoren können addiert werden, indem man den dritten Vektor zur Vektorsumme der ersten beiden Vektoren addiert oder die Vektorsumme der beiden letzten Vektoren zum ersten Vektor addiert. Daß auf beiden Wegen derselbe Vektor herauskommt, ist das Assoziativgesetz der Vektoraddition.
3. Es gibt einen Nullvektor. Wählt man einen beliebigen Punkt P, so kann er

mit PP bezeichnet werden. Die oben angegebene geometrische Konstruktion der Vektoraddition ergibt, daß die Vektorsumme eines beliebigen Vektors und des Nullvektors der beliebig herausgegriffene Vektor ist. Der Nullvektor hat die Länge 0, aber seine Richtung ist unbestimmt.

4. Zu jedem Vektor AB gibt es einen Vektor BA, so daß die Vektorsumme der beiden Vektoren der Nullvektor ist. Man bezeichnet den Vektor BA auch als den zum Vektor AB entgegengesetzten Vektor und kennzeichnet ihn durch ein vorangesetztes Minuszeichen: BA = -AB.

Weil diese vier Sätze gelten, sagen Mathematiker, daß die Vektoren hinsichtlich ihrer Vektoraddition eine Gruppe bilden. Man kann auch leicht sehen, daß für die Vektoraddition das Vertauschungsgesetz gilt:

5. Für zwei beliebige Vektoren AB und CD gilt, daß AB + CD = CD + AB ist.

Zeichnet man die Vektorsumme nach der angegebenen Vorschrift für die beiden Vektoradditionen rechts und links vom Gleichheitszeichen in eine Figur, erkennt man, daß ein Parallelogramm entsteht.

Aber diese Sätze reichen noch nicht aus, um die Vektoren geometrisch interessant zu machen. Dazu muß man ihren Zusammenhang mit reellen Zahlen einführen, die man auch mit dem Wort "Skalar" bezeichnet. So wird eine "Skalarmultiplikation" einer reellen Zahl mit einem Vektor als ein Vektor eingeführt, der durch die folgenden Vereinbarungen bestimmt ist:

- Ist der gegebene Vektor der Nullvektor, so ist sein Produkt mit einer beliebigen reellen Zahl auch der Nullvektor.
- Die Multiplikation derZahl 0 mit einem Vektor ist der Nullvektor.
- Die Multiplikation der Zahl 1 mit einem Vektor ist der Vektor selbst.
- Die Multiplikation der Zahl -1 mit einem Vektor ist der entgegengesetzte Vektor.
- Man multipliziert einen Vektor mit einer positiven Zahl, indem man die Länge jedes Pfeils, der zu ihm gehört, mit dieser Zahl multipliziert und die Richtung beibehält.
- Man multipliziert einen Vektor mit einer negativen Zahl, indem man ihn zuerst mit der entgegengesetzten positiven Zahl multipliziert und den Ergebnisvektor anschließend mit der Zahl -1 multipliziert.

Nachdem man die Skalarmultiplikation eines Vektors mit einer reellen Zahl eingeführt hat, kann man auf die folgende Weise die Voraussetzung für eine Vektorrechnung in der Ebene schaffen: Man wählt einen beliebigen Punkt O, den man als Ursprungspunkt eines Koordinatensystems bezeichnet. Anschließend zeichnet man von O aus zwei Pfeile OA und OB, die nicht auf derselben Geraden liegen. Diese beiden Pfeile stellen die Basisvektoren für ein Basissystem der Vektorrechnung dar. Weil sie keine Pfeile in ihrer Pfeilklasse haben, die auf derselben Geraden liegen, sagt man auch, daß sie "linear unabhängig" sind. Sind x und y zwei beliebige reelle Zahlen, so ist die Vektorsumme der Skalarmultiplikation von x mit OA und von y mit OB wieder ein Vektor, der durch einen Pfeil von O nach einem Punkt C dargestellt werden kann. In der Schreibweise der Vektorrechnung würde man OC durch die Gleichung OC = x * OA + y * OB ausdrücken und dem Leser erklären, daß er die Zeichen '+' und '*' als Zeichen für eine Vektoraddition und eine Skalarmultiplikation aufzufassen hat. Wir müssen aber genauer sein, denn wir müssen diese Rechenarten in der Programmiersprache Logo für Berechnungen erklären, die der Computer ausführen soll. Wir gehen davon aus, daß immer ein Basisystem mit einem Ursprungspunkt O und zwei Basisvektoren gegeben sind. Für die Wahl des Ursprungspunktes O sind wir völlig frei. Auch die Basisvektoren sind fast völlig frei wählbar; sie müssen nur die Bedingung der linearen Unabhängigkeit erfüllen. Ist das Basissystem gewählt, genügt die Angabe der beiden Zahlen x und y, um den Vektor OC = x * OA + y * OB eindeutig festzulegen. Man nennt die Zahl x die x- und die Zahl y die y-Komponente des Vektors OC (bezogen auf das gegebene Basissystem).

Bei vorgegebener Basis braucht man also nur zwei Zahlen x und y anzugeben, um einen Vektor eindeutig zu definieren. Diese beiden Zahlen faßt man zu einem Logo-Satz zusammen und erklärt:

- Ein Logo-Vektor in der Ebene ist ein Logo-Satz von zwei Zahlen, seinen Komponenten in einem gegebenen Basissystem. So fassen wir zum Beispiel [3 2] als einen Vektor mit den Komponenten 3 und 2 im gegebenen Basissystyem auf.

Die Funktion V erzeugt einen Logo-Vektor aus ihren Komponenten :A und :B.

```
TO V :A :B
 OP SE :A :B
END
```

Umgekehrt muß man bei einem gegebenen Logo-Vektor auf seine beiden Komponenten zugreifen können. Dies leisten die beiden Zugriffsfunktionen X und Y.

```
TO X :V                 TO Y :V
 OP FIRST :V             OP LAST :V
END                     END
```

So ist X [3 2] = 3 und Y [3 2] = 2. Nun kann man die Addition von Vektoren darstellen. Dabei muß man berücksichtigen, daß in der Gleichung

[3 2] + [4 6] = [3+4 2+6] = [7 8]

das Zeichen '+' in einer dem Logo-System bekannten und einer ihm unbekannten Bedeutung vorkommt: Das zwischen den eckigen Klammern stehende Zeichen '+' steht für die bisher unbekannte Addition von Vektoren, während die in der zweiten Klammer stehenden beiden Zeichen '+' für die normale Addition von Zahlen steht. Daher muß die Vektoraddition neu bezeichnet werden. Im Gegensatz zum üblichen Sprachgebrauch vereinbaren wir die Vektoraddition nicht als eine Operation, bei der das Rechenzeichen zwischen den beiden Vektoren steht, sondern als eine Funktion mit dem Namen ADD und mit zwei Vektoren :V1 und :V2 als Eingabe und dem Summenvektor als Funktionswert.

```
TO ADD :V1 :V2
 OP V ( X :V1 ) + ( X :V2 ) ( Y :V1 ) + ( Y :V2 )
END
```

Man erkennt, daß der Funktionswert ein Vektor mit den beiden Komponenten (X :V1) + (X :V2) und (Y :V2) + (Y :V1) ist, d. h. daß die Vektoren komponentenweise addiert werden. In der Logo-Schreibweise würde nun das Vertauschungsgesetz der Addition folgendermaßen lauten:

ADD :A :B = ADD :B :A

Das Assoziativgesetz läßt sich darin wie folgt schreiben:

ADD :A ADD :B :C = ADD ADD :A :B :C .

Alle Einsetzungen von Logo-Vektoren für :A, :B und :C ergeben links und rechts vom Gleichheitszeichen denselben Wert, und die Gleichung wird von Logo als "TRUE erkannt. Will man den Wahrheitswert der Gleichung ausgeben lassen, muß man allerdings noch PRINT vor die Gleichungen schreiben, weil sonst nicht gesagt ist, was mit diesem Wahrheitswert geschehen soll.

Auch das Multiplikationszeichen wird in zweifacher Bedeutung verwendet, so daß der Leser selbst interpretieren muß, welche Bedeutung gemeint ist. Man erkennt es an dem folgenden Beispiel: 3 * [4 5] = [3*4 3*5] = [12 15]. In den eckigen Klammern wird das Zeichen '*' in seiner üblichen Bedeutung als Multiplikationszeichen von Zahlen verwendet. Dagegen ist das Zeichen '*' links vom ersten Gleichheitszeichen ein Multiplikationszeichen für die Multiplikation eines Skalars mit einem Vektor. Wir ersetzen diese Multiplikation wie bei der Addition von Vektoren durch eine Logo-Funktion, die den Skalar und den Vektor zur Eingabe und den Produktvektor als Funktionswert hat. Sie hat das folgende Listing:

```
TO SMULT :ZAHL :V
 OP V ( :ZAHL * X :V ) ( :ZAHL * Y :V )
END
```

Man erkennt, daß die Komponenten einzeln mit der Zahl multipliziert und zu einem Vektor zusammengefügt werden. Die im obigen Beispiel verwendete Gleichung ist wegen eines Distributivgesetzes gültig. Zur Einübung in die Logo-Schreibweise soll dieses aus der gewohnten mathematischen Schreibweise übersetzt werden: Ist :ZAHL eine Zahl und sind :AB und :AC zwei Vektoren, so gilt in der üblichen Schreibweise:

:ZAHL * (:AB + :AC) = :ZAHL * :AB + :ZAHL * :AC

Die Logo-Übersetzung davon ist:

SMULT :ZAHL ADD :AB :AC = ADD SMULT :ZAHL :AB SMULT :ZAHL :AC

Die geometrische Deutung dieser Gleichung ergibt eine Strahlensatzfigur. Die ungewohnte Logo-Schreibweise hat auch ihre Vorteile: Man benötigt keine Vorrangregelungen für Klammer-, Punkt- und Strichrechnung wie in der gewohnten Schreibweise. Man nennt sie auch "funktionale" Schreibweise, weil die Rechenoperationen durch Funktionen dargestellt werden.

Auf der Basis der beiden Logo-Funktionen ADD und SMULT kann man nun - der Vektorrechnung folgend - weitere Funktionen aufbauen. So ergibt sich der negierte Vektor eines gegebenen Vektors :V durch Multiplikation des Vektors :V mit dem Skalar -1:

```
TO NEG :V
 OP V ( - X :V ) ( - Y :V )
END
```

Die Subtraktion eines Vektors :B von einem Vektor :A erhält man, indem man den Vektor :B negiert und zu :A addiert:

```
TO SUB :V1 :V2
 OP ADD :V1 NEG :V2
END
```

Sind :V1 und :V2 zwei Vektoren zu den Endpunkten einer Strecke, ist der Ortsvektor :M zu ihrem Mittelpunkt :M = (:V1 + :V2) /2. Man kann ihn auch als Funktionswert einer Logo-Funktion MP darstellen, die die beiden Vektoren :V1 und :V2 als Eingabe hat:

```
TO MP :A :B
 OP SMULT 0.5 ADD :A :B
END
```

In ähnlicher Weise ergibt sich als Ortsvektor des Schwerpunktes eines durch :A, :B und :C gegebenen Dreiecks:

```
TO SCHWERPUNKT :A :B :C
 OP SMULT 1 / 3 ( ADD :A ADD :B :C )
END
```

Es dürfte nicht schwer fallen, weitere Funktionen der Vektorrechnung in Logo zu schreiben. Dazu muß man sie zunächst in der Vektorrechnung entwickeln und dann in die Programmiersprache Logo übersetzen. In vielen Anwendungen kommt es auf die Lösung eines Gleichungssystems von zwei Gleichungen mit zwei Variablen an. Dieser besondere Fall wird im folgenden Abschnitt behandelt.

3.2 Lösung eines Gleichungssystems

Eine Frage haben wir bisher übergangen:
Wir haben festgestellt, daß es zu jedem Vektor [x y] einen Ebenenpunkt gibt, zu dem ein Pfeil des Vektors von 0 aus führt. Man nennt den Vektor den Ortsvektor des Punktes. Gibt es aber umgekehrt auch zu jedem Ebenenpunkt einen Vektor? Oder gibt es Ebenenpunkte, zu denen sich kein Zahlenpaar [x y] finden läßt, das einen Vektor zu ihnen darstellt?

Man kann die Frage verschärfen, indem man vom gegebenen Basissystem ausgeht, zwei neue linear unabhängige Vektoren :A und :B festlegt und die Frage für die neuen Vektoren als Basissystem stellt. Über die Basisvektoren haben wir bisher nur vorausgesetzt, daß sie von 0 ausgehen und linear unabhängig sein müssen. So könnte man z. B. :A = [2 3] und :B = [4 8] als neue Basisivektoren wählen und fragen, ob ein Vektor :C = [44 82] sich durch die neue Basis :A und :B darstellen läßt. Die Frage würde lauten: Hat der Vektor :C im neuen Basissystem überhaupt Komponenten, und wenn das der Fall ist, welche? Bild 3.1 veranschaulicht die Fragestellung.

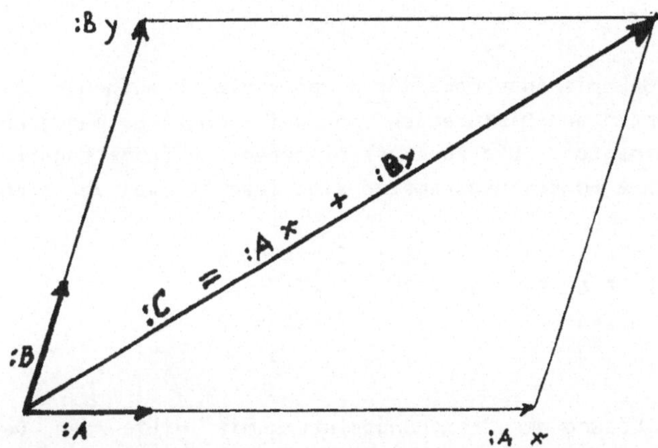

Bild 3.1
Der Vektor :C wird in seine Komponenten hinsichtlich der Basis :A und :B zerlegt. Die Funktion GL2 :A :B :C hat den Zweizahlensatz der Komponenten als Funktionswert.

Wenn die Frage positiv beantwortet werden kann, hat die Vektorgleichung

```
:A x  +  :B y  =  :C
```

eine Lösung. Dabei sind mit den Ausdrücken :A x und :B y die Skalarmultiplikationen von Vektoren :A oder :B mit Zahlen x oder y gemeint. So kann man zum Beispiel die oben genannten Werte für :A und :B einsetzen und erhält:

```
[2 3] x  +  [4 8] y = [44 82]
```

Man prüft leicht nach, daß x=6 und y=8 eine Lösung der Vektorgleichung ist. Um sie zu erhalten, schreibt man das Gleichungssystem ausführlich hin:

```
2 x  +   4 y  =   44
3 x  +   8 y  =   82
```

Multipliziert man die beiden Seiten der ersten Gleichung mit 8 und die beiden Seiten der zweiten Gleichung mit 4, so erhält man:

```
2*8 x    +    4*8 y     =    44*8
3*4 x    +    8*4 y     =    82*4
```

Durch Subtraktion und Division durch die Vorzahl von x erhält man

```
x     =    ( 44*8 - 82*4 ) / ( 2*8 - 3*4 )
```

Eine ähnliche Rechnuung ergibt:

```
y     =    ( 2*82 - 3*44 ) / ( 2*8 - 3*4 )
```

Man erkennt, daß die Ausdrücke für x und y gleich aufgebaut sind. Sie sind jeweils Quotienten aus Differenzen von zwei Produkten. Man nennt die Differenzen Determinanten. Die zu einer Differenz gehörige Logo-Funktion soll DET2 heißen. Ihre Funktionsparameter sind jeweils zwei Vektoren. So ist

```
DET2 [ 2  3][ 4  8] =  2 * 8 -  3 * 4 =  4
DET2 [44 82][ 4  8] = 44 * 8 - 82 * 4 = 24
DET2 [ 2  3][44 82] =  2 *82 -  3 *44 = 32
```

Man kann die Lösung des Gleichungssystems mit Hilfe der Determinantenfunktion angeben:

```
x  =  DET2 [44 82][ 4  8] / DET2 [2 3][4 8] = 24/4 = 6
y  =  DET2 [ 2  3][44 82] / DET2 [2 3][4 8] = 32/4 = 8
```

Diese Art der Berechnung der Lösung eines Gleichungssystems von zwei Gleichungen mit zwei Variablen wird als Cramersche Regel bezeichnet. Setzt man statt der Vektoren ihre o. a. Bezeichnungen in Logo ein, so erhält man eine allgemeinere Form:

```
x   =  ( DET2 :C :B ) / ( DET2 :A :B )
y   =  ( DET2 :A :C ) / ( DET2 :A :B )
```

Dabei muß vorausgesetzt werden, daß die Nennerdeterminante DET2 :A :B nicht 0 ist. Man rechnet aber leicht aus, daß dieser Fall bedeuten würde, daß die von 0 ausgehenden Basisvektoren :A und :B auf einer Geraden liegen würden. Dieser Fall sollte bei der Wahl des Koordinatensystems ausgeschlossen werden. Die Lösung des Gleichungssystems läßt sich in zwei Schritten programmieren: Man programmiert zunächst die Determinantenfunktion und mit ihrer Hilfe die Lösung des Gleichungssystems. Für die Determinantenfunktion ergibt sich:

```
TO DET2 :P :Q
 OP ( FIRST :P ) * ( LAST :Q ) - ( LAST :P ) * ( FIRST :Q )
END
```

Die Lösung des Gleichungssystems kann als Funktion GL2 :A :B :C aufgefaßt werden. Darin sind :A und :B die beiden neuen Basisvektoren und :C ist der Vektor, von dem die Komponentenzerlegung gesucht ist. Der Funktionswert ist der Vektor [x y], der die Komponenten des Vektors :C in dem neuen Basissystem mit :A und :B als Basisvektoren angibt. Das Listing:

```
TO GL2 :A :B :C
 TEST NOT( DET2 :A :B ) = 0
 IFF OP [AUSNAHMEFALL]
 LOCAL "D MAKE "D DET2 :A :B
 OP SE ( DET2 :C :B) / :D (DET2 :A :C ) / :D
END
```

In den Lehrbüchern über Vektorrechnung ist es meistens nicht üblich, die Lösung des Gleichungssystems als einen Vektor zusammenzufassen. Das mag daran liegen, daß das Lösen eines Gleichungssystems mühsam ist. Mit der Funktion GL2 :A :B :C können wir in einem ebenen Problem zulässige Basisvektoren :A und :B beliebig auswählen und jeden Vektor :C, der in der Ebene auftritt, durch sie ausdrücken, denn der Funktionswert dieser Funktion liefert den Vektor :C in diesem neuen Basissystem. In den folgenden Anwendungen wird davon Gebrauch gemacht.

1. Anwendungsbeispiel

Berechne den Schnittpunkt zweier Seitenhalbierenden eines Dreiecks (Bild 3.2).

Lösung:

Das Dreieck wird mit OAB bezeichnet und die Ortsvektoren :O, :A und :B zu den Eckpunkten können ohne Einschränkung der Allgemeinheit folgendermaßen festgelegt werden:

```
MAKE "O [0 0]  MAKE "A [1 0]  MAKE "B [0 1]
```

Nun gilt für die Ortsvektoren :D und :E der Mittelpunkte der Seiten AB und OB des Dreiecks:

MAKE "D MP :A :B und MAKE "E MP :O :B

Da :D und :EA linear unabhängig sind, muß es Zahlen x und y geben, die die folgende Vektorgleichung erfüllen:

x :D + y :EA = :A

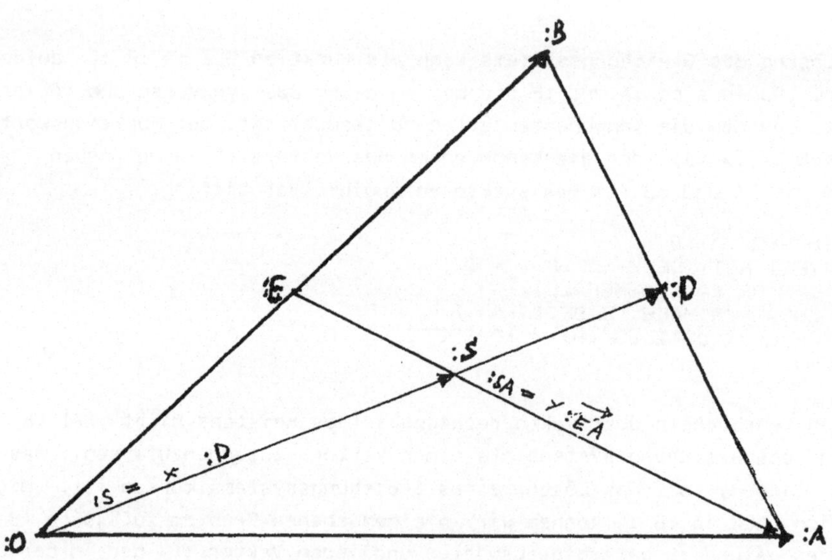

Bild 3.2
Der Vektor :A wird auf die Basis :D und :EA = :SUB :A :E bezogen. Er hat in ihr die Darstellung :L = GL2 :D :EA :A = [0.666666 0.666666].

Darin erhält der Vektor :EA durch den Logo-Befehl MAKE "EA SUB :A :E seinen Wert. Nun kann die Vektorgleichung mit Hilfe der Funktion GL2 gelöst werden. Für den Lösungsvektor :L ergibt sich:

MAKE "L GL2 :D :EA :A

Man erhält :L = [0.66666 0.66666] d. h. x = 0.66666 und y = 0.66666. Offensichtlich ist :S ungefähr 2/3 des von O aus verlaufenden Vektors :D und :SA ungefähr 2/3 des Vektors :EA. Man könnte dieses Ergebnis sogar exakt mit dem Rechner erhalten, wenn man die Bruchrechnung als Rechenstruktur einführt und verwendet.

2. Anwendungsbeispiel:

Die Aufgabenstellung des ersten Anwendungsbeispiel wird leicht verändert:

Der Punkt :D soll jetzt nicht mehr Mittelpunkt der Dreiecksseite AB sein, sondern diese im Verhältnis 1 / 2 teilen. Diese Aufgabe läßt sich verallgemeinern, indem als Teilverhältnis ein Verhältnis :M / :N gewählt wird. Es ist zweckmäßig, eine neue Funktion einzuführen, die die Ortsvektoren :A und :B zweier Punkte sowie zwei Zahlen :M und :N zur Eingabe hat und den Ortsvektor des Punktes T als Funktionswert ausgibt, der die Strecke AB im Verhältnis :M / :N teilt (Bild 3.3):

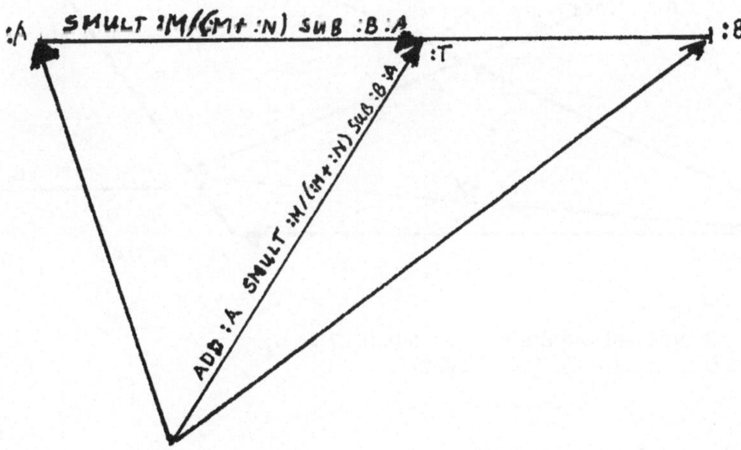

Bild 3.3
:T = ADD :A SMULT :M / (:M + :N) SUB :B :A

Die Funktion für den Ortsvektor zum Teilpunkt T, der die Strecke AB im Vehältnis :M / :N teilt, ist durch die folgenden Angaben bestimmt:

Name: TP	Variable :A :B :M :N
Rechenvorschrift:	ADD :A SMULT :M / (:M + :N) SUB :B :A

Das Listing von TP:

```
TO TP :A :B :M :N
 OP ADD :A SMULT :M / ( :M + :N ) SUB :B :A
END
```

Damit ergibt sich die Lösung dieser Aufgabe wie im ersten Beispiel. Nur wird hier der Ortsvektor :D durch die Wertzuweisung MAKE "D TP :A :B 1 2 bestimmt.

3. Anwendungsbeispiel

Es sei OABC ein Parallelogramm. Die Strecke OC ist durch Z im Verhältnis 4:1 geteilt. Die Strecke AB ist durch X im Verhältnis 4:1 geteilt. Die Strecke CB ist durch Y im Verhältnis 3:1 geteilt (Bild 3.4). Bestimme die Koordinaten des Schnittpunktes S von OY und ZX im Koordinatensytem mit den Basisvektoren OA und OB.

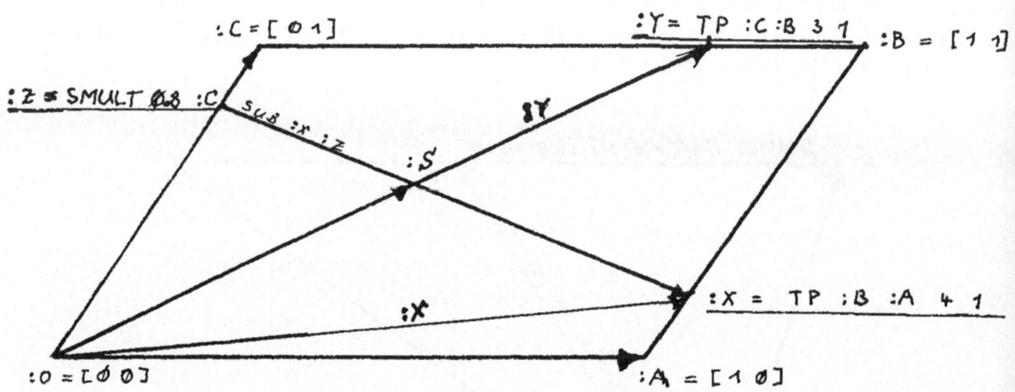

Bild 3.4
Der Vektor :X wird auf die Basis :Y und SUB :X :Z bezogen:
:L = GL2 :Y SUB :X :Z :X = [0.551724 0.58207].

Lösung:

Man wählt O zum Koordinatenuursprung sowie :A und :B als Basisvektoren. Dann erhalten die Ortsvektoren :O, :A, :B und :C die folgenden Wertzuweisungen:

```
MAKE "O [0 0]  MAKE "A  [1 0]  MAKE "B [1 1]  MAKE "C  [0 1]
```

Die weitere Lösung kann durch die folgenden Wertzuweisungen erfolgen:

```
MAKE "Z SMULT 0.8 :C      MAKE "X  TP :B :A 4 1
MAKE "Y TP :C :B 3 1      MAKE "L GL2 :Y SUB :X :Z :X
```

Der Vektor :X ist durch die Basis :Y und SUB :X :Z ausgedrückt worden, und :L enthält die Komponenten.
Es ergibt sich die Lösung :L = [0.551724 0.58207]. Die erste Komponente 0.551724 ergibt den Faktor, mit dem :Y multipliziert werden muß, um den Vektor :S im Basissystem mit den Basisvektoren :A und :B zu erhalten. Die Wertzuweisung MAKE "S SMULT FIRST :L :Y speichert den gesuchten Vektor in :S ein.

3.3 Anwendungen der Rechenstruktur Vektorrechnung

Erweiterungen der Rechenstrukturfunktionen

Im vorigen Abschnitt haben wir die Erzeugungsfunktion V, die Zugriffsfunktionen X und Y sowie die beiden grundlegenden Funktionen ADD und SMULT für die zweidimensionale Vektorrechnung angegeben. Die Definition weiterer Funktionen erfolgte ausschließlich mit Hilfe der Grundfunktionen. Deshalb könnte man sie schon als Anwendungen bezeichnen. Es ist vom logischen Aufbau her zweckmäßig, so wenig Grundfunktionen und komplementär dazu so viel Aufbaufunktionen wie möglich zu schreiben. Denn wenn die Rechenstruktur geändert werden soll, wie es etwa im nächsten Abschnitt bei der Erweiterung auf mehr als zwei Dimensionen geschieht, so braucht man nur die Grundfunktionen zu ändern und kann die darauf aufbauenden übernehmen. Andererseits führt dieses Verfahren nicht zu effizienten Algorithmen: Wer auf Geschwindigkeit der Verarbeitung angewiesen ist, der sollte so viel Grundfunktionen wie möglich schreiben und die Rekursionen darin durch Schleifen implementieren. Wir sind hier am logischen Aufbau interessiert und wollen in beiden Richtungen erweitern: Grundfunktionen und darauf aufbauende Funktionen. In diesem Abschnitt soll an Beispielen gezeigt werden, wie man vorgehen kann, wenn man darauf aufbauen will. So ist die Additionsfunktion ADD nur für zwei Vektoren anwendbar. In der der Rechenvorschrift für die Funktion SCHWERPUNKT müssen drei Vektoren addiert werden. Deshalb muß die Funktion ADD zweimal auftreten. Das folgende Programm SUMME hat eine Liste beliebig vieler Vektoren als Eingabe und gibt ihre Vektorsumme aus.

```
TO SUMME :LISTE
 IF EMPTY? :LISTE OP [SUMME UNDEFINIERT!]
 IF ( COUNT :LISTE ) = 1 OP FIRST :LISTE
 IF ( COUNT :LISTE ) = 2 OP ADD FIRST :LISTE LAST :LISTE
 OP SUMME FPUT ADD FIRST :LISTE FIRST BF :LISTE BF BF :LISTE
END
```

Auf diese Funktion kann man wieder aufbauen, um den geometrischen Schwerpunkt eines N-Ecks zu definieren, dessen Ortsvektoren zu ihren Eckpunkten in einer Liste zusammengefaßt sind:

```
Name: N.SCHWERPUNKT      Variable:   :N.ECK
Rechenvorschrift:        SMULT ( 1 / COUNT :N.ECK ) ( SUMME :N.ECK )
```

```
TO N.SCHWERPUNKT :N.ECK
 OP SMULT ( 1 / COUNT :N.ECK ) ( SUMME :N.ECK )
END
```

Der physikalische Massenmittelpunkt von in der Ebene verteilten Massen ist etwas komplizierter zu ermitteln. Dazu muß man sich vorstellen, daß die

Eckpunkte einer Figur noch zusätzlich mit einem Zahlenfaktor versehen werden, der als ihre Masse gedeutet werden kann. Die Physiker sprechen dann nicht mehr vom arithmetischen, sondern vom gewichteten Mittel der Massenpunkte der Figur. Das gewichtete Mittel kommt auch in vielen anderen Anwendungen vor, so daß es sich lohnen kann, dafür ein Programm zu entwickeln. Wir nennen es GEW.MITTEL. Seine Anwendung verlangt die Eingabe der Massen und der Orte, an denen diese sich befinden. Dabei sind die Massen Zahlen, die auf eine beliebige Masseneinheit bezogen sein können, und die Orte werden durch die Ortsvektoren zu den Massenpunkten angegeben.

Name: GEW.MITTEL Variable :MASSEN :ORTE
Rechenvorschrift:
SMULT (1 / #GESAMTMASSE :MASSEN) #ORT.MASSE :MASSEN :ORTE

```
TO GEW.MITTEL :MASSEN :ORTE
 OP SMULT ( 1 / #GESAMTMASSE :MASSEN ) #ORT.MASSE :MASSEN :ORTE
END
```

Das führende Zeichen # soll anzeigen, daß Unterprogramme vorliegen. In :MASSEN und :ORTE muß man die Massen und die zugehörigen Orte für sich in einer Liste zusammenfassen. Die Massen müssen zu einer Gesamtmasse addiert werden:

```
TO #GESAMTMASSE :MASSEN
 IF :MASSEN = [] OP 0
 OP ( FIRST :MASSEN ) + ( #GESAMTMASSE BF :MASSEN )
END
```

Die Funktion #ORT.MASSE :MASSEN :ORTE gibt die Vektorsumme der skalaren Multiplikation der Massen mit ihren Orten an:

```
TO #ORT.MASSE :MASSEN :ORTE
 IF :ORTE = [] OP 0
 OP ADD SMULT ( FIRST :MASSEN ) ( FIRST :ORTE ) ( #ORT.MASSE BF :MASSEN BF :ORTE
 )
END
```

1. Anwendungsbeispiel:

In den Ecken [0 0] , [1 0] , [1 1] und [0 1] des Einheitsquadrates seien der Reihe nach Massen mit den Maßzahlen 1 , 2 , 3 und 4 in einer beliebigen Masseneinheit postiert. Weise den Massenmittelpunkt der Variablen M zu.

Lösung:

```
MAKE "M GEW. MITTEL [1 2 3 4] [[0 0][1 0][1 1][0 1]]
```

2. Anwendungsbeispiel

Zwei Massen :M1 und :M2 bewegen sich mit den Geschwindigkeiten :V1 und :V2 zentral aufeinander zu und führen dann einen unelastischen Stoß aus. Wie groß ist ihre gemeinsame Geschwindigkeit nachher?

Lösung:

Nach dem Impulssatz gilt: Gesamtimpuls vorher = Gesamtimpuls nachher

```
Gesamtimpuls vorher:     :M1 :V1 + :M2 :V2
Gesamtimpuls nachher:    ( :M1 + :M2 ) :V
```

Dabei soll das fehlende Zeichen zwischen Massen und Geschwindigkeiten angeben, daß hier eine Skalarmultiplikation einer Zahl mit einem Vektor durchgeführt werden soll. Sie wird hier noch nicht mit SMULT angegeben, weil diese ungewohnte Schreibweise irritieren könnte. Formt man nach der Endgeschwindigkeit :V um, so erhält man

```
:V = ( :M1 :V1  +  :M2 :V2 ) / ( :M1 + :M2 )
```

Das ist das gewichtete Mittel der Massen und ihrer zugehörigen Geschwindigkeiten. Haben Massen und Geschwindigkeit (etwa durch den MAKE-Befehl) Werte erhalten, so ergibt sich für :V

```
MAKE "V GEW.MITTEL SE :M1 :M2 LIST :V1 :V2
```

3.4 Mehrdimensionale Vektorgeometrie

Die zweidimensionale Vektorgeometrie läßt sich auf beliebig viele Dimensionen verallgemeinern. Dies kann man als eine theoretische Verallgemeinerung auffassen, für die auch mit der Programmiersprache Logo Rechenprogramme geschrieben werden können. Ihre Kenntnis ist für das Verständnis der folgenden Kapitel nicht notwendig, so daß dieser Abschnitt auch überschlagen werden kann. Beschreibt man die Definitionen aus der Rechenstruktur der Vektorrechnung in einer beschränkten formalen Sprache wie Logo, um die Rechnungen auf einem Rechner ausführen zu lassen, kann man auf keine Interpretationen aus dem Zusammenhang durch den Leser hoffen, sondern man ist auf ein sorgfältiges, syntaktisch und semantisch korrektes Vorgehen in der Programmiersprache angewiesen, das sicherstellt, daß die Algorithmen von einem Rechner bearbeitet werden können. Dies eröffnet Lernenden für den Mathematikunterricht ein Feld von Übungsmöglichkeiten für exaktes Formulieren, wie es auch schon für die zweidimensionale Vektorrechnung gegeben war.

In den mathematischen Anwendungen der Vektorrechnung beliebiger Dimension wird die Dimensionszahl nicht explizit vorgegeben, sondern als Variable offen gelassen. Wir stellen die Vektoren nach wie vor als Logo-Listen von Zahlen dar. Die Anzahl der Zahlen in einem Vektor ist für alle Vektoren bei derselben Anwendung gleich: Sie ist die Dimensionszahl und steht für jeden vorkommenden Vektor :A als Funktionswert der Logo-Funktion COUNT :A zur Verfügung.

Zugriffsfunktionen

Erzeugung des Vektors

Die Erzeugung eines Vektors aus beliebig vielen Komponenten kann durch das geklammerte SENTENCE (SE) erfolgen: (SE :X1 :X2 :X3 :X4) liefert z. B. eine Liste der vier für :X1 , :X2 , :X3 und :X4 eingegebenen Zahlen, die wir als einen vierdimensionalen Vektor auffassen.

Zugriff auf die Komponenten

In der zweidimensionalen Vektorrechnung konnten wir durch den Funktionsnamen X :A oder Y :A angeben, welche Komponente aus dem Vektor :A herausgegriffen werden sollte. Dies ist nun nicht mehr möglich, sondern es muß zur Kennzeichnung der Komponenten ein besonderer Parameter eingeführt werden. Die :I-te Komponente eines Vektors :V wird durch die folgende Funktion herausgegriffen:

```
TO X :I :V
 OP ITEM :I :V
END
```

Die darin enthaltene Funktin ITEM ist in vielen Logo-Versionen implementiert. Sie ist einfach in X umbenannt worden, um der Vektorschreibweise der Mathematik zu entsprechen. Ist sie nicht in der Logo-Version implementiert, läßt sich das leicht nachholen:

```
TO X :I :V
IF :I = 1 OP FIRST :V
OP X :I-1 BF :V
END
```

Implementation der BIS-Schleife

Bei der Programmierung der Grundfunktionen der Vektorrechnung tritt eine ähnliche Schwierigkeit wie bei der Bezeichnung der Zugriffsfunktionen auf: Man weiß zur Programmierungszeit nicht, mit wievielen Dimensionen der Bearbeiter rechnen möchte. So sind zum Beispiel die aus der zweidimensionalen Vektorrechnung her bekannten Grundfunktionen ADD und SMULT auf eine beliebige Dimensionszahl zu verallgemeinern. In der Verallgemeinerung muß mit der Zugriffsfunktion X :I :V auf jede Komponente zugegriffen werden können, indem für :I ein Wert zwischen 1 und der Dimensionszahl (einschließlich der beiden Grenzen) eingesetzt wird. Wir bezeichnen die Dimensionszahl kurz mit :N, so daß :N = COUNT :V für jeden vorkommenden Vektor :V ist. Will man zum Beispiel die Funktion SMULT :ZAHL :A auf :N Dimensionen verallgemeinern, so muß man jede Komponente X :I :A des Vektors :A mit der Zahl :ZAHL multiplizieren und die Produkte zu einem Vektor zusammenfassen, der als Funktionswert ausgegeben wird.

In den meisten Programmiersprachen wird dieser Vorgang mit Hilfe einer Zählschleife realisiert, die von 1 bis :N zählt und dabei die aktuelle Komponente herausgreift, um die Multiplikation vorzunehmen. In Logo gibt es eine Wiederholungsschleife REPEAT, die als Eingaben eine Zahl und eine Liste hat. In der Liste steht eine Befehlsfolge, und die Zahl gibt an, wie oft diese Befehlsfolge ausgeführt wird. Aber man kann dabei nicht auf die aktuelle Komponente der Zählung zugreifen. Dies läßt sich leicht ändern, indem man ein Programm für diesen Zweck schreibt. Wir nennnen es BIS :N :MIT :TU. Darin haben die Parameter :N und :TU dieselbe Bedeutung wie in einer REPEAT-Schleife: Die Liste :TU nimmt eine Befehlsfolge auf, und :N gibt an, wie oft diese ausgeführt werden soll. Der zusätzliche Parameter :MIT erlaubt die Eingabe des Namens einer Zählvariablen (z. B.: "I), auf die in der in :TU eingegebenen Befehlsfolge zurückgegriffen werden kann. So ist z. B. THING :MIT = THING "I = :I der Wert der aktuellen Zählvariablen. Das Listing für BIS:

```
TO BIS :N :MIT :TU
 LOCAL :MIT MAKE :MIT 1
 SCHLEIFE:
 RUN :TU
 MAKE :MIT 1 + THING :MIT
 IF THING :MIT > :N STOP
 GO "SCHLEIFE
END
```

Die Zählvariable erhält zunächst ihren Anfangswert 1. Dann folgt eine Markierung im Programm mit dem Namen SCHLEIFE:, auf die weiter unten im Programm mit dem Befehl GO "SCHLEIFE zurückgesprungen wird. Zwischen Markierung und Sprungbefehl steht die eigentliche zu wiederholende Schleifenanweisung: Es soll die Befehlsfolge, die in :TU steht ablaufen. Dabei wird mit THING :MIT auf den Wert der Zählvariablen zugegriffen. Anschließend soll der Wert der Zählvariablen um 1 erhöht werden. Schließlich soll das Programm stoppen, wenn die Zählvariable den Wert von :N überschreitet; andernfalls wird der Sprung auf die Marke "SCHLEIFE ausgeführt. Die Wiederholungsschleife BIS erleichtert die Programmierung der Grundfunktionen.

Die Grundfunktionen

Bei der Formulierung der Grundfunktionen wird zunächst der Funktionsname als eine lokale Variable bereitgestellt, damit sie den zu berechnenden Funktionswert aufnehmen kann; anschließend wird ihr die leere Liste als Anfangswert zugewiesen. In der BIS-Anweisung wird der Funktionswert schrittweise ausgerechnet. Am Ende wird er ausgegeben. Logo kann zwischen Funktions- und Prozedurnamen, Variablennamen (führendes Anführungszeichen) und Bezeichnungen ihrer Werte (führender Doppelpunkt oder vorangestellte THING-Funktion) unterscheiden. In den folgenden Programmlistings werden diese Unterscheidungen verwendet.

```
TO ADD :A :B
 LOCAL "ADD MAKE "ADD []
 BIS ( COUNT :A ) "I [MAKE "ADD SE :ADD (X :I :A) + ( X :I :B )]
 OP :ADD
END
```

```
TO SMULT :ZAHL :A
 MAKE "SMULT []
 BIS ( COUNT :A ) "I [MAKE "SMULT SE :SMULT :ZAHL * X :I :A]
 OP :SMULT
END
```

Entscheidend ist der Befehl, der jeweils in :TU steht. Der bisher im

Funktionswert :SMULT oder :ADD bis zur (:I-1).ten Komponente berechnete Wert wird um die :I.te Komponente ergänzt, und der neue Wert wird der Funktionswertvariablen mit dem Namen "SMULT oder "ADD zugewiesen.

Weitere Funktionen der Vektorgeometrie

Aus der zweidimensionalen Vektorgeometrie kann man ersehen, daß die weiteren Funktionen der Vektorgeometrie mit den Bezeichnungen NEG, SUB und MP auf dem Funktionenpaar SMULT und ADD aufbauen, so daß ihre Programme direkt von dorther übernommen werden können und nicht neu entwickelt werden müssen.

Die Cramersche Regel
zur Lösung eines Gleichungssystems von :N Gleichungen mit :N Variablen

Für die Ausführung der Rechnungen der Vektoralgebra muß man oft Systeme von Gleichungen mit mehreren Vaiablen lösen. Im Abschnitt 3.2 haben wir eine Funktion GL2 :A :B :C entwickelt, mit der wir die Komponentendarstellung des Vektors :C im Basissystem mit den Basisvektoren :A, :B und :C berechnen lassen konnten. Der Funktionswert der Funktion GL2 war der Lösungsvektor des Gleichungssystems. Diese Aufgabe läßt sich von zwei auf beliebig viele Dimensionen verallgemeinern. Ein Beispiel im Dreidimensiuonalen ist die Aufgabe:

Es sind drei Vektoren :A = [7 3 4], :B = [4 4 5] und :C = [6 5 6] sowie ein Vektor :D = [67 50 62] gegeben. Wie lautet die Komponentendarstelung [x y z] des Vektors :D im Basissystem mit :A und :B als Basisvektoren?

Die zu lösende Vektorgleichung sieht ähnlich wie die in Abschnitt 3.2 im Zweidimensionalen entwickelte Vektorgleichung aus:

```
:A x +      :B y +      :C z = :D
```

Mit den oben angegebenen Werten ergibt sich:

```
[7 3 4] x + [4 4 5] y + [6 5 6] z = [67 50 62]
```

Hierin sind die Buchstaben x,y und z als Platzhalter für die Komponenten des Lösungsvektors nicht informativ und können weggelassen werden. Informativ dagegen ist das folgende Zahlenschema:

```
7   4   6   67
3   4   5   50
4   5   6   62
```

Man bezeichnet es als die Matrix des Gleichungssystems. In ihr stehen in den ersten drei Spalten die Basisvektoren :A, :B und :C und in der vierten Spalte der Vektor :D, der durch die Basisvektoren dargestellt werden soll. Jedes lineare Gleichungssystem ist durch seine Matrix eindeutig bestimmt. Die Logo-Darstellung einer solchen Matrix ist eine Liste der Vektoren, die in den Spalten stehen. Für das obige Beispiel ist dies die folgende Liste:

```
[[7 3 4][4 4 5][6 5 6][67 60 62]]
```

In ihr stehen alle Informationen, die man braucht, um das Gleichungssystem zu lösen. Die Erweiterung von drei auf beliebig viele Dimensionen bereitet keine Schwierigkeit: Statt der vier dreidimensionalen Vektoren in der obigen Darstellung stehen in der Verallgemeinerung auf :N Dimensionen (:N +1) Vektoren mit je :N Komponenten. Entsprechend ist die Logo-Darstellung eine Liste von (:N +1) Listen von je :N Zahlen.

Die Lösung des Gleichungssystems nach Cramer hält sich genau an das Schema der Lösung, wie es im Abschnitt 3.2 beschrieben worden ist. Dort wurde jede Komponente des Lösungsvektors als ein Quotient von zwei Determinanten dargestellt, und die Komponenten wurden wieder zu einem Vektor zusammengefügt. Dieser wurde als Lösungsvektor der Funktion GL2 :A :B :C ausgegeben. Vergleicht man die beiden Komponenten des Lösungsvektors, stellt man fest:

- Die Determinante des Nenners erhält man durch die folgende Vorschrift: Streiche den letzten Vektor aus der Matrix :M des Gleichungssystems und bilde von der Restmatrix die Determinante. Die Determinantenfunktion DET zur Berechnung des Werts einer Determinante von :N Vektoren mit :N Komponenten muß noch geschrieben werden. Mit ihr ergibt die Berechnung des Nenners den Wert DET BL :M.
- Für die Zähler stellt man zunächst fest, daß sie verschieden sind, je nachdem ob die erste oder die zweite Komponente des Lösungsvektors berechnet werden soll. Für die erste Komponente gilt die folgende Rechenvorschrift:
  Ersetze den ersten Vektor der Matrix durch den letzten Vektor, streiche den letzten Vektor und bilde von der Restmatrix die Determinante.
  Für die zweite Komponente des Lösungsvektors gilt dieselbe Rechenvorschrift, wenn man den Ausdruck "erste" durch den Ausdruck "zweite" ersetzt. Ist :I die Nummer der Komponenten, deren Wert berechnet werden soll, und :M die Matrix des Gleichungssystems, soll die Funktion XDET :I :M die Matrix zum Funktionswert haben, die durch die Ersetzung und Streichung entsteht. Dann wird durch die Rechenvorschrift DET XDET :I :M der Zähler der gesuchten Komponenten berechnet.

Dieses Schema kann man auf Matrizen von linearen Gleichungssystemen von beliebiger Dimension übertragen: Es sei :I die Nummer der Komponente des Lösungsvektors, der berechnet werden soll. Dann hat :I einen Wert zwischen 1 und der Dimensionszahl :N (beide Grenzen inbegriffen). Die Funktion

XDET :I :M hat den Wert :I und die Matrix :M in ihrer Logo-Darstellung zur Eingabe. Der Funktionswert soll die Matrix sein, die durch das obige angegeben Verfahren entsteht: Es wird der :I-te Vektor durch den letzten Vektor in der Matrix :M ersetzt. Dann wird der letzte Vektor aus :M gestrichen. Für die Matrix :M des obigen Gleichungssystems ergibt das zum Beispiel:

```
XDET 1 :M = [[67 50 62][4 4 5][6 5 6]]
XDET 2 :M = [[7 3 4][67 50 62][6 5 6]]
XDET 3 :M = [[7 3 4][4 4 5][67 50 62]]
```

Das Listing für die Funktion XDET ist:

```
TO XDET :I :M
 TEST :I = 1
 IFT OP FPUT LAST :M BF BL :M
 OP FPUT FIRST :M XDET :I - 1 BF :M
END
```

Nach dem oben für die Dimensionszahl 2 erläuterten Cramerschen Verfahren hat die :I-te Komponente des Lösungsvektors den Wert

(DET XDET :I :M) / (DET BL :M).

Die Determinantenfunktion

Es folgt nun die Programmierung der Determinantenfunktion, die zur Lösung von Gleichungssystemen von :N Gleichungen mit :N Variablen benötigt wird. Mehrdimensionale Determinanten werden schrittweise auf die Berechnung von zweidimensionalen Determinanten zurückgeführt. Wir berechnen als Beispiel die Determinante BL :M des obigen Gleichungssystems:

```
7 4 6
3 4 5   = 7 * 4 5    - 4 * 3 5    + 6 * 3 4
4 5 6         5 6          4 6          4 5
```

Die Faktoren vor den zweireihigen Determinanten sind die Zahlen aus der ersten Reihe. Die zugehörigen zweireihigen Determinanten ergeben sich, indem man die Zeile und die Spalte streicht, in der die Zahl aus der ersten Reihe steht. Die zweireihigen Determinanten kann man mit DET2 berechnen. Diese liegt jetzt in einer gegenüber dem Abschnitt 3.2 leicht abgewandelten Form vor, weil sie nun als Eingabe eine Matrix :M und nicht wie dort drei Vektoren :A, :B und :C hat:

```
TO DET2 :L
 OP ( FIRST FIRST :L ) * ( LAST LAST :L ) - ( LAST FIRST :L ) * ( FIRST LAST :L
)
END
```

Hat man eine vierdimensionale Determinante zu berechnen, so führt man diese nach demselben Verfahren auf die Berechnung von vier dreireihigen Determinanten und jede von ihnen wieder auf die Berechnung von drei zweireihigen zurück. Ein Schritt einer solchen Zurückführung einer :N-dimensionalen Determinante auf :N (:N -1)-dimensionale Determinanten nennt man die Entwicklung der Determinante nach ihren "Unterdeterminanten". Diese müssen mit ihrer zugehörigen Zahl aus der ersten Reihe multipliziert werden und dann abwechselnd von links nach rechts mit den Vorzeichen + und - versehen werden. Die algebraische Summe dieses Ausdrucks ist der Determinantenwert. Für seine Berechnung soll nun eine Funktion mit dem Namen DET entwickelt werden. Die obige Determinante wird DET [[7 3 4][4 4 5][6 5 6]] geschrieben. Die Eingabe für die :N-dimensionale Determinante ist also eine Liste von :N Vektoren mit :N Komponenten, wobei jeder Vektor in einer Spalte der Determinante steht. Der Funktionswert der obigen Determinante wird folgendermaßen berechnet:

```
DET [[7 3 4][4 4 5][6 5 6]]                                          =
7 * DET2 [[4 5][5 6] -4 * DET2 [[3 4][5 6]] +6 * DET2 [[3 4][4 5]]  =
7 * (4*6-5*5) - 4 * (3*6-4*5) + 6 * (3*5-4*4)                        =
7 * (-1)      - 4 * (-2)      + 6 * (-1)                             =
   -7             + 8             - 6                                = -5
```

Die Determinantennfunktion hat das folgende Listing:

```
TO DET :M
 OP DET' ( COUNT :M ) :M
END
```

Sie erwartet in :M eine Eingabe einer Liste von ebenso vielen Vektoren wie die Vektoren Komponenten haben. Ihre Rechenvorschrift führt die Berechnung auf eine Funktion DET' zurück, in der die Dimensionszahl direkt verfügbar ist.

Das Listing der Funktion DET' :

```
TO DET' :N :M
 LOCAL "DET MAKE "DET 0
 IF :N = 2 OP DET2 :M
 OP DETSUM :N :N :M
END
```

Wenn :N=2 ist, liegt eine zweireihige Determinante vor, und ihr Wert kann mit Hilfe der Funktion DET2 berechnet und ausgegeben werden. Sonst wird eine Funktion DETSUM :I :N :M mit den Parameterwerten :N :N und :M aufgerufen, die den Wert der Determinanten berechnet. Die Berechnung erfolgt entsprechend dem Beispiel, das für die dreireihige Determinante gegeben worden ist. Sie benutzt die Entwicklung der Determinante von :M nach ihren Unterdeterminaten der ersten Reihe. Ihr Listing:

```
TO DETSUM :I :N :M
 IF :I = 0 OP 0
 OP ( VZ :I ) * ( ERSTES :I :M ) * ( DET' :N - 1 UDET1 :I :M ) + DETSUM :I - 1 :
N :M
END
```

Der Parameter :I ist eine Zählvariable, die von der Dimensionszahl :N abwärts bis 0 zählt. Dies geschieht im rekursiven Aufruf DETSUM :I-1 :N :M am Ende der letzten Zeile des Programms. Beim rekursiven Aufruf ändern sich die Werte von :N und :M nicht. Daher ist der in ihm berechnete Wert nur von :I abhängig. Läßt man die Bedeutung der :N von DETSUM berechneten Zahlen zunächst unbeachtet, so kann man trotzdem feststellen, daß sie aufsummiert werden. Denn für den Abbruchfall :I=0 ist der Funktionswert 0; berechnet DETSUM :I-1 :N :M dagegen die Summe für :I = :N - 1 korrekt, wird der links vom Pluszeichen stehende Summand hinzugefügt, so daß die Summe dieser Summanden gebildet wird. Um zu erfahren, was eigentlich aufsummiert wird, muß man den ersten Summanden genauer untersuchen:

Er setzt sich aus Faktoren zusammen, die folgendes berechnen:

- VZ :I ist die Zahl +1 oder -1, je nachdem ob :I gerade oder ungerade ist.
- ERSTES :I :M ist die jeweils erste Komponente aus dem :I.ten Vektor von :M.
- DET' :N-1 UDET1 :I :M ist der Funktionswert der (:N-1)-reihigen :I.ten Unterdeterminante von :M bei ihrer Entwicklung nach der ersten Zeile.

Die Programme für diese Berechnungen sind:

```
TO VZ :Z
 IF ( QUOTIENT :Z 2 ) = ( :Z / 2 ) OP ( - 1 )
 OP 1
END
```

```
TO ERSTES :N :M
 IF :N = 1 OP FIRST FIRST :M
 OP ERSTES :N - 1 BF :M
END
```

```
TO UDET1 :N :LISTE
 IF :N = 1 OP UDET :LISTE
 OP FPUT BF FIRST :LISTE UDET1 :N - 1 BF :LISTE
END
```

Das Programm UDET1 :I :M ermittelt die :I.te Unterdeterminante der ersten Reihe von :M. Sie entsteht durch Streichung der ersten Reihe und der :I.ten Spalte aus :M. Diese Streichung erfolgt in zwei Schritten. Zunächst wird die :I.te Spalte gestrichen und der Rest zu einer Liste zusammengefügt. Dies leistet die zweite Zeile im Rumpf des Listings. Anschließend muß noch aus jedem Vektor der so entstandenen Liste die erste Komponente gestrichen werden. Dies leistet das Programm UDET :LISTE.

```
TO UDET :LISTE
 OP BF STREICHEN1 :LISTE
END
```

Das Streichen der ersten Zahlen aus jedem Vektor besorgt das Programm STREICHEN1.

```
TO STREICHEN1 :LISTE
 IF :LISTE = [] OP []
 OP FPUT BF FIRST :LISTE STREICHEN1 BF :LISTE
END
```

Die Funktion GL :M

Die Funktion GL :M berechnet den Lösungsvektor eines Gleichungssystems von theoretisch beliebig vielen linearen Gleichungen mit ebenso vielen Variablen. Der Parameter :M muß eine Liste sein, die die Logo-Darstellung der Matrix des Gleichungssystems ist. Die Berechnung erfolgt nach der Cramerschen Regel in der angegebenen Weise. Sie geht aus dem folgenden Listing hervor:

```
TO GL :M
 IF NOT LU? :M PRINT [UNLOESBAR!] STOP
 LOCAL "GL MAKE "GL []
 LOCAL "NN MAKE "NN DET BL :M
 BIS ( COUNT :M ) - 1 "J [MAKE "GL SE :GL (DET XDET :J :M ) / :NN]
 OP :GL
END
```

In der BIS-Schleife werden die :N Komponenten des Lösungsvektors schrittweise zusammengestellt und in einer lokalen Variablen mit dem Namen "GL abgespeichert. Vor der Berechnung ist der Ausnahmefall zu beachten, in dem das Gleichungssystem keine Lösung hat. Er tritt dann auf, wenn die Determinante DET BL :M, die in den Nennern der Komponenten steht, den Wert - geprüft:

```
TO LU?
 OP NOT DET BL :M = 0
END
```

Sind die Basisvektoren linear abhängig, so gibt die Funktion die Fehlermeldung UNLOESBAR! aus.

Ein Testfall kann eine eventuelle Inkorrektheit der Programme aufzeigen:

Das Gleichungssystem

$$
\begin{aligned}
3x + 2y + z &= 20\\
2x + 3y + 2z &= 28\\
3x + 4y + 3z &= 40
\end{aligned}
$$

hat den Lösungsvektor [2 4 6].

Das folgende Gleichungsystem von 5 Gleichungen mit 5 Variablen braucht zu seiner Berechnung schon sehr lange Zeit, so daß verständlich wird, warum der Ausdruck "theoretisch" für den Lösungsweg verwendet wird: Praktisch sind Rechnungen mit solchen Programmen für eine größere Dimensionszahl kaum ausführbar. Hier sollte es aber nicht auf schnelle, "effiziente" Programme ankommen, sondern auf die gedanklich systematische Verallgemeinerung. Wer effiziente Algorithmen zur Lösung :N Gleichungssystemen verwenden möchte, sollte in der Literatur nach dem Gaußschen Algorithmus suchen.

Das Gleichungssystem

$$
\begin{aligned}
x + y + z + w + u &= 15\\
2x + y + z + w + u &= 16\\
x + 2y + z + w + u &= 17\\
x + y + 2z + w + u &= 18\\
x + y + z + 2w + u &= 19
\end{aligned}
$$

hat den Lösungsvektor [1 2 3 4 5].

4 Analytische Geometrie

Für eine systematische Einführung in die analytische Geometrie gibt es Lehrbücher. Hier kann lediglich gezeigt werden, wie man mit Logo eine Rechenstruktur der analytischen Geometrie aufbauen kann. Aber auch für dieses Ziel wäre es vermessen, Vollständigkeit erreichen zu wollen. Stattdessen wird nur gezeigt, auf welche Weise man grundsätzlich vorgehen kann. Dabei entwickeln wir zunächst den einfacheren Fall der analytischen Geometrie der Ebene und greifen auf einige in der Trigonometrie und der zweidimensionalen Vektorrechnung gegebenen Programme und Definitionen zurück. Den allgemeinen Fall für beliebige Dimensionen benutzen wir hier nicht.

4.1 Ebene analytische Geometrie

Als erstes müssen die Datentypen festgelegt werden, mit denen man operieren will. Die Grunddaten der Geometrie sind Punkte und Geraden. In der analytischen Geometrie nimmt man dafür Ortsvektoren zu Punkten und Darstellungen von Geraden in verschiedenen Formen.

Die Datenstrukturen Punkt und Gerade

Die Ortsvektoren zu Punkten fassen wir wieder als Listen von zwei Zahlen, ihren Komponenten, auf. Für Geraden gibt es in der Ebene und im Raum die Punkt-Richtungs-Form und die Punkt-Punkt-Form als analytische Darstellungen sowie in der Ebene die Normalengleichung. Die Punkt-Richtungs-Form lautet:

R = A + s * V

Darin sind A der Ortsvektor zu einem Geradenpunkt, V ein Richtungsvektor der Geraden, s eine reelle Zahl und mit dem Zeichen "*" wird die Skalarmultiplikation der reellen Zahl s mit dem Vektor V angegeben(Bild 4.1). Je nach dem Wert von s erhält man einen Ortsvektor R zu einem Geradenpunkt. Auf diese Weise werden genau alle Geradenpunkte erfaßt. Zur Kennzeichnung der Parameterdarstellung einer Geraden ist es nur wichtig, einen Geradenpunkt A und einen Richtungsvektor V anzugeben.

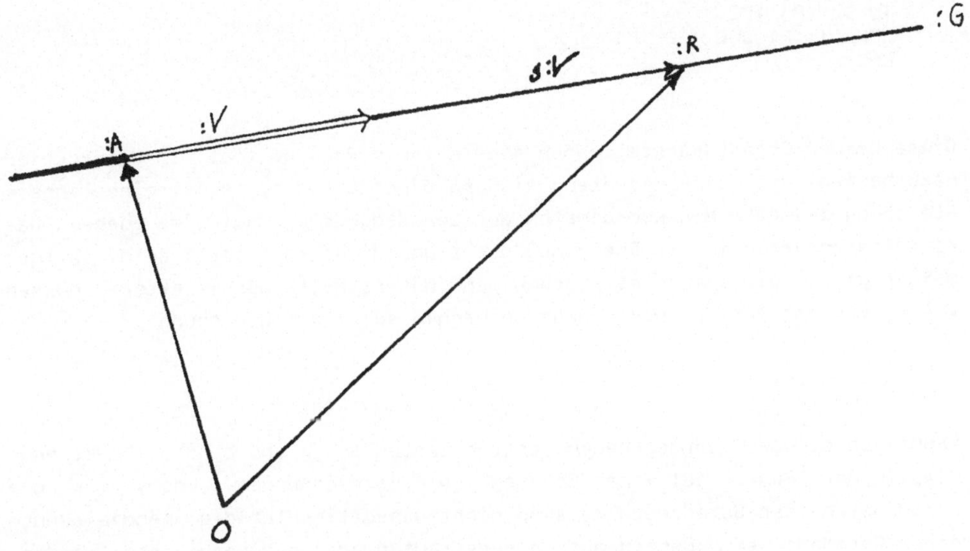

Bild 4.1
Der Ortsvektor :A und der Richtungsvektor :V bestimmen die Gerade :G in der Punkt-Richtungsform :G = .! :A :V .

Für die Addition von Vektoren :A und :B greifen wir auf die Funktion ADD :A :B aus dem Kapitel 3.1 zurück. Ebenso wird die Skalarmultiplikation einer Zahl :ZAHL mit einem Vektor :V wie dort durch die Funktion SMULT :ZAHL :A dargestellt. Die Logo-Schreibweise der Punkt-Richtungsform würde dementsprechend folgendermaßen lauten: :R = ADD :A SMULT :S :V. Sie enthält als wesentliche Information den Ortsvektor :A zu einem Geradenpunkt und einen Richtungsvektor :V auf der Geraden. Die Logo-Funktion .! :A :V hat die Liste der Listen :A und :V als Funktionswert. Zur Schreibweise des Funktionsnamens: Das Punktzeichen (.) ist im folgenden als "Punkt" und das Ausrufungszeichen als "Richtung" zu lesen, so daß die o. a. Punkt-Richtungs-Funktion die durch den Punkt :A und die Richtung :V angegebene Gerade bezeichnet.

Das Listing:

```
TO .! :A :V
 OP LIST :A :V
END
```

Die Punkt-Punkt-Form berechnet eine Punkt-Richtungs-Form einer Geraden, wenn zwei Punkte :P1 und :P2 gegeben sind. Dann ist auch der Richtungsvektor SUB :P2 :P1 der Geraden gegeben, der vom Punkt :P1 zum Punkt :P2 führt. Die Punkt-Punkt-Form für eine Gerade wird also durch die folgende Logo-Funktion berechnet:

```
TO .. :P1 :P2
 OP .! :P1 SUB :P2 :P1
END
```

Diese beiden Geradendarstellungen sind auch im Raum gültig. Im Unterschied dazu bezieht sich eine Normalengleichung einer Geraden, d. i. eine lineare Gleichung zwischen den Koordinaten der Geradenpunkte, auf eine Ebene. Das Koordinatensystem in der Ebene muß nicht unbedingt kartesisch sein. Allgemeiner gilt: Die beiden stillschweigend unterstellten Basisvektoren müssen wie im vorigen Kapitel nur linear unabängig sein. Die Gleichung

$$a\,x + b\,y = c$$

kennzeichnet bei vorgegebenen reellen Zahlen a, b und c die Punktmenge P(x,y) der Punkte auf einer Geraden. Die Bezeichnungen x und y für die Koordinaten der Geradenpunkte sind nicht wesentlich für die Kennzeichnung einer Geraden; sie könnten auch anders lauten oder gar weggelassen werden. Deshalb kann man allein durch drei reelle Zahlen a, b und c eine Gerade der Ebene angeben. In unserer Logo-Schreibweise bedeutet das, daß eine Gerade durch die Zahlenliste [a b c] eindeutig gekennzeichnet ist.

```
TO GGL :A :B :C
 OP ( SE :A :B :C )
END
```

Umwandlungen von Geradendarstellungen

In der analytischen Geometrie gibt es also drei verschiedene Darstellungsmöglichkeiten von Geraden, wobei die Punkt-Punkt-Form als verkappte Punkt-Richtungs-Form eine untergeordnete Rolle spielt. Vergleicht man die beiden wesentlichen Geradendarstellungen in der Ebene miteinander, die Punkt-Richtungs-Form und die Normalenform, stellt man fest, daß man sie leicht unterscheiden kann. Die Punkt-Richtungs-Form enthält in ihrer Liste zwei Listen von je zwei Zahlen, von denen die erste als Punkt und die zweite als Richtung der Geraden aufgefaßt wird. Die Normalengleichung wird dagegen als eine Dreizahlenliste aus den Koeffizienten der Geradengleichung dargestellt. Daher gibt die folgende Wahrheitswertfunktion N? :G darüber Auskunft, ob die Normalenform in der Geradendarstellung :G vorliegt:

```
TO N? :G
 OP ( COUNT :G ) = 3
END
```

Ergibt N? :G den Wahrheitswert "FALSE, gehen wir davon aus, daß :G in

Punkt-Richtungs-Form gegeben ist. Damit ist eine Abstraktion in der Denk- und Redeweise möglich. Man braucht nicht mehr auf die vorliegende analytische Darstellungsform einer Geraden :G Rücksicht zu nehmen, sondern kann wie in der Elementargeometrie von dieser Geraden selbst als einem geometrischen Objekt sprechen und das dafür eingegebene Datum vom Programm analysieren lassen, in welcher Form die Gerade vorliegt. Dementsprechend behandelt es sie weiter, d. h. es behält die Form bei oder wandelt sie in die andere um.

Die analytischen Darstellungsform einer Gerade wird mit Hilfe der Wahrheitswertfunktion N? untersucht. Die Umwandlung von der einen in die andere oder der anderen in die eine Darstellungsform geschieht mit Hilfe von zwei Umwandlungsfunktionen: Die Funktion N.! :PR wandelt eine in Punkt-Richtungs-Form gegebene Gerade :PR in eine Normalenform um. Die Bezeichnung ist so zu verstehen, daß links von, .! das Ziel N (von Normalengleichung) und rechts davon die Quelle .! (von Punkt-Richtung) steht.

```
TO N.! :PR
 OP SE V' LAST :PR SK FIRST :PR V' LAST :PR
END
```

Die Funktion .!N :GL wandelt umgekehrt eine Normalengleichung einer Geraden in der Ebene in eine Punkt-Richtungs-Form um.

```
TO .!N :GL
 TEST ( LAST BL :GL ) = 0
 IFT OP LIST SE 0 ( LAST :GL ) / ( FIRST :GL ) [0 1]
 OP .. LIST 0 ( LAST :GL ) / ( LAST BL :GL ) LIST ( LAST :GL ) / ( FIRST :GL ) 0
END
```

Der Schnittpunkt zweier Geraden

Sind die Geraden in der Ebene in Normalenform gegeben, braucht man nur das Gleichungssystem der beiden Geradengleichungen zu lösen. Wir nennen die Funktion, die den Schnittpunkt zweier Geraden als Funktionswert hat, GG (Abkürzung für Gerade-Gerade). Sie hat zwei Geraden :G1 und :G2 als Eingabe. Im Programm GG werden zunächst die beiden Eingaben :G1 und :G2 auf ihre Darstellungsform geprüft und ggf. so umgeformt, daß sichergestellt ist, daß sie Normalenform haben. Das bedeutet, daß :G1 eine Dreizahlenliste [a1 b1 c1] und :G2 eine Dreizahlenliste [a2 b2 c2] ist, so daß der Ortsvektor zum Schnittpunkt :S = [x y] der beiden Geraden :G1 und :G2 der Lösungsvektor des Gleichungssystems

a1 x + b1 x = c1
a2 x + b2 y = c2

ist. Faßt man paarweise a1 und a2, b1 und b2 sowie c1 und c2 zu Vektoren :A, :B und :C zusammen, so hat man eine Vektorgleichung

:A x + :B y = :C

zu lösen. Sie ist im Abschnitt 3.2 behandelt worden (GL2). Damit ergibt sich für GG das folgende Programm:

```
TO GG :G1 :G2
 IF ( COUNT :G1 ) = 2 MAKE "G1 N.! :G1
 IF ( COUNT :G2 ) = 2 MAKE "G2 N.! :G2
 LOCAL "A LOCAL "B LOCAL "C
 MAKE "A SE FIRST :G1 FIRST :G2
 MAKE "B SE FIRST BF :G1 FIRST BF :G2
 MAKE "C SE LAST :G1 LAST :G2
 OP GL2 :A :B :C
END
```

Der Fall, daß die Geraden :G1 und :G2 parallel sind, wird in dem Programm GL2 durch eine Fehlermeldung abgefangen. Sind :G1 und :G2 die beiden Geraden, so kann man den Schnittpunkt :S durch MAKE "S GG :G1 :G2 in der Variablen "S für eine weitere Berechnung zur Verfügung stellen.

Die Einführung eines kartesischen Koordinatensystems

Bisher brauchen die Einheitsvektoren des Koordinatensysytems nur linear unabgängig zu sein. Auf ihre Größe und den Winkel, den sie miteinander bilden, kommt es nicht an. Nun wird vorausgesetzt, daß sie Einheitsvektoren sind und daß sie einen Winkel von 90 Winkelgrad miteinander haben.

In einem Lehrgang der analytischen Geometrie wird an dieser Stelle meistens das skalare Produkt von zwei Vektoren :A und :B eingeführt. In der Koordinatendarstellung erhält man es, wenn man die beiden ersten Komponenten von :A und :B und die beiden letzten Komponenten von :A und :B miteinander multipliziert und danach die beiden Produkte addiert. In der Logo-Schreibweise würde diese Rechenvorschrift folgendermaßen aussehen:

ADD (X :A) * (X :B) (Y :A) * (Y :B)

Das Logo-Programm dafür ist:

```
TO SK :A :B
 OP ( X :A ) * ( X :B ) + ( Y :A ) * ( Y :B )
END
```

Das skalare Produkt eines Vektors mit sich selbst ergibt das Quadrat seiner Länge oder, wie man auch sagt, seines Betrags. Das Logo-Listing der

Betragsfunktion eines Vektors :A ist also:

```
TO B :A
 OP SQRT ( ( X :A ) * ( X :A ) + ( Y :A ) * ( Y :A ) )
END
```

Das skalare Produkt zweier Einheitsvektoren ist der Cosinus des von ihnen eingeschlossenen Winkels. Für zwei beliebige Vektoren ist es das Produkt aus ihren Beträgen und dem Cosinus des eingeschlossenen Winkels. Es hat die besondere Eigenschaft, daß die Vektoren aufeinander senkrecht stehen müssen, wenn das skalare Produkt 0 ist und keiner der beiden Vektoren der Nullvektor ist. Das skalare Produkt zweier Vektoren kann man zur Winkelbestimmung in der ebenen analytischen Geometrie ausnutzen. Der (kleinere) Winkel zwischen zwei Vektoren :A und :B ergibt sich folgendermaßen:

```
TO WINKEL :A :B
 OP ARCCOS ( ( SK :A :B ) / ( B :A ) / B :B )
END
```

Damit ist auch der Winkel zwischen zwei Geraden :G1 und :G2 bestimmbar. Man hat dafür zu sorgen, daß sie in Punkt-Richtungs-Form vorliegen und den Winkel zwischen den Richtungsvektoren der Geraden zu bestimmen.

```
TO GERADENWINKEL :G1 :G2
   IF N? :G1 MAKE "G1 .!N :G1
   IF N? :G2 MAKE "G2 .!N :G2
   OP WINKEL LAST :G1 LAST :G2
END
```

Zu jedem Vektor :A gibt es einen Einheitsvektor V0 :A, der den Betrag 1 und die Richtung von :A hat. Sein Listing:

```
TO V0 :A
 OP SMULT ( 1 / B :A ) :A
END
```

Es erweist sich als zweckmäßig, wenn man einen Vektor :A im mathematisch positiven Drehsinn um 90 Winkelgrad drehen kann. Dazu braucht man nur die beiden Komponenten von :A zu vertauschen und nach der Vertauschung der ersten Komponenten das entgegengesetzte Vorzeichen zu geben. Die Funktion, die den gedrehten Vektor als Funktionswert hat, ist V' :A.

```
TO V' :A
 OP SE - Y :A X :A
END
```

Man erkennt leicht, daß SK :A (V' :A) = 0 ist.

Hessesche Normalform, Abstandsbestimmungen

In der Geradengleichung

a x + b y = c

ist der aus a und b gebildete Vektor [a b] ein auf der Geraden senkrecht stehender Vektor (Normalenvektor). Man erkennt das leicht, indem man die Koordinaten zweier Geradenpunkte P1(x1,y1) und P2(x2,y2) in die Gleichung einsetzt und die beiden so entstandenen Gleichungen subtrahiert. Es ergibt sich die Gleichung

a (x1 - x2) + b (y1 - y2) = 0,

die in der Logo-Schreibweise SK [a b] SUB :P1 :P2 = 0 lautet. Da SUB :P1 :P2 ein Richtungsvektor der Geraden ist, muß [a b] auf ihm senkrecht stehen, wenn das skalare Produkt 0 und kein beteiligter Vektor der Nullvektor ist. Man erhält die Hessesche Normalform einer Geradengleichung, indem man die Gleichung durch den Betrag des Normalenvektors teilt. Das ergibt das Programm

```
TO HESSE2 :G
 IF ( COUNT :G ) = 2 MAKE "G N.! :G
 LOCAL "B
 MAKE "B B SE FIRST :G FIRST BF :G
 OP ( SE ( FIRST :G ) / :B ( FIRST BF :G ) / :B ( LAST :G ) / :B )
END
```

Auch hierin untersucht das Programm zunächst, von welcher Form die Geradendarstellung ist und formt sie dann ggf. in die Normalenform um. Mit Hilfe der Hesseschen Normalform kann man leicht den Abstand der Geraden vom Koordinatenursprung bestimmen (Bild 4.2). Es ist der letzte Term der HESSE2-Gleichung:

```
TO ABSTAND0 :G
 OP LAST HESSE2 :G
END
```

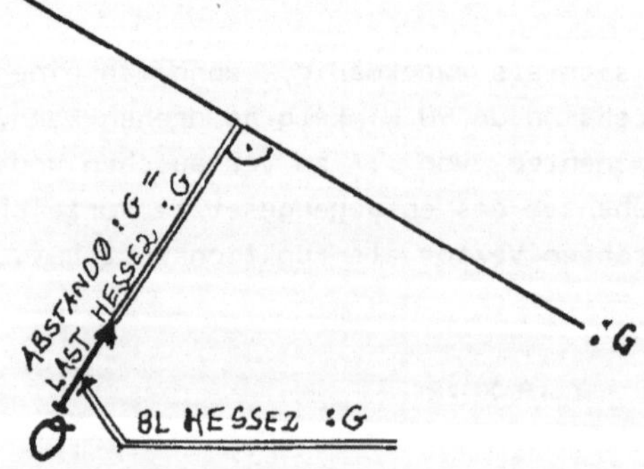

Bild 4.2
Der Abstand des Koordinatenursprungs 0 von der Geraden :G ist LAST HESSE2 :G, d. i. die letzte Zahl in der Hesse-Form von :G. Der Vektor BL HESSE2 :G ist ein Normaleneinheitsvektor der Geraden.

Den Abstand eines beliebigen Punktes P von einer Geraden in Normalenform gegebenen Geraden :G ermittelt man folgendermaßen (Bild 4.3): Man fällt das Lot von OP (O Koordinatenursprung) auf den Normaleneinheitsvektor von :G und weist seine Länge einer Variablen "D zu: MAKE "D SK :P BL :G. Der gesuchte Abstand ist dann die Differenz aus dem Abstand der gegebenen Geraden vom Ursprung und der Länge dieses Lots:

```
TO ABSTAND :P :G
 MAKE "G HESSE2 :G
 LOCAL "D
 MAKE "D SK :P BL :G
 OP ( ABSTAND0 :G ) - :D
END
```

Er fällt negativ aus, wenn der Koordinatenursprung und der gegebene Punkt P auf verschiedenen Seiten der Geraden liegen.

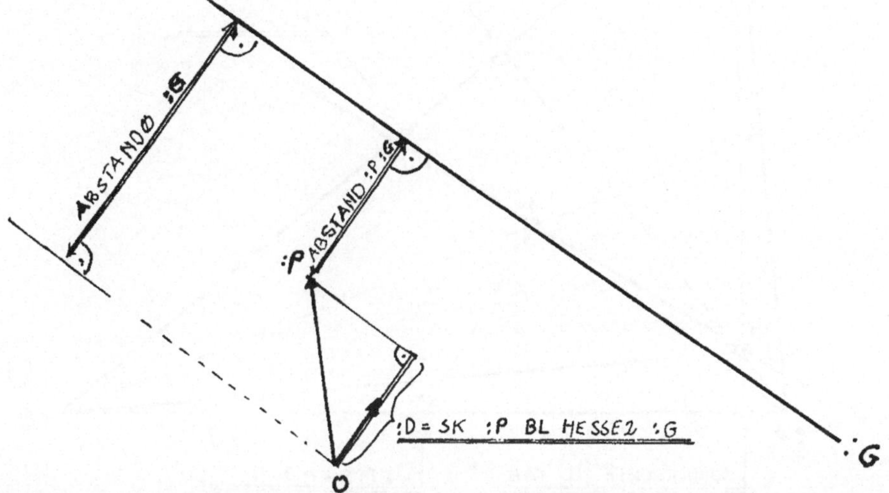

Bild 4.3
:D ist der Betrag der Projektion des Ortsvektors :P auf den Normaleneinheitsvektor von :G. Der Abstand von :P zur Geraden ist die Differenz des Abstandes des Ursprungs O zur Geraden und :D.

4.2 Anwendungen der ebenen analytischen Geometrie

Die Abstandsbestimmungen mit Hilfe der Hesseschen Normalform sind schon Anwendungen der ebenen analytischen Geometrie. Wir wollen nicht schrittweise weitere Bausteine für Anwendungen entwickeln, sondern am Beispiel der Lösung von Aufgaben zeigen, wie man grundsätzlich vorgehen kann.

Aufgabe 1:
Berechne die Eulersche Gerade des Dreiecks mit den gegebenen Eckpunkten :A, :B und :C (Bild 4.4).

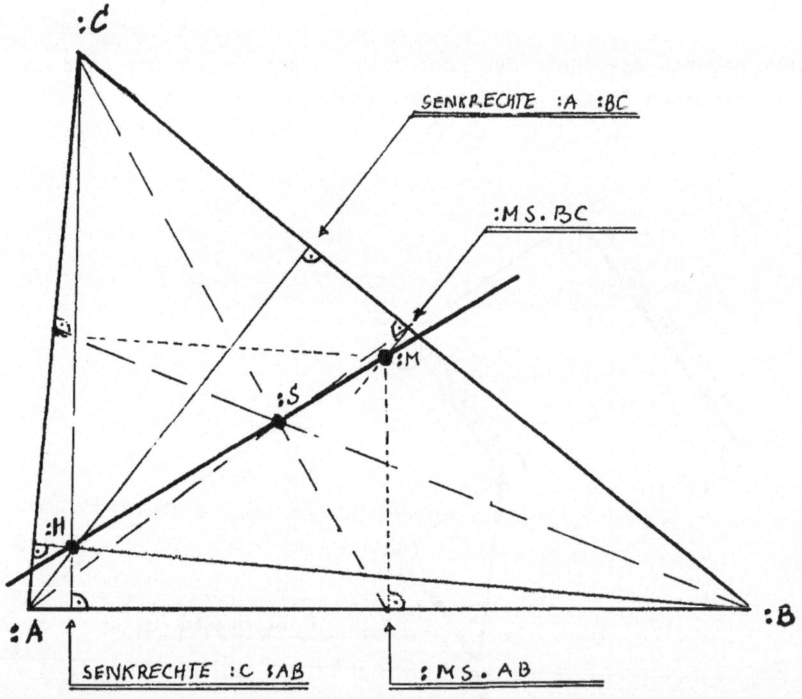

Bild 4.4
Die Eulersche Gerade eines Dreiecks führt durch den Höhenschnittpunkt :H, den Schwerpunkt :S (Schnittpunkt der Seitenhalbierenden) und den Schnittpunkt der Mittelsenkrechten auf den Seiten (Umkreismittelpunkt).

Um die folgenden Berechnungen durchzuführen muß man mit dem MAKE-Befehl die Ortsvektoren zu den Eckpunkten :A, :B und :C einspeichern.

Lösung:

Die Eulersche Gerade führt durch den Mittelpunkt des Umkreises, den Schwerpunkt des Dreiecks und den Schnittpunkt der drei Höhen. Diese Punkte werden zunächst der Reihe nach berechnet.

Die Berechnung des Mittelpunktes des Umkreises

Der Mittelpunkt des Umkreises ist der Schnittpunkt der drei Mittelsenkrechten auf den Dreiecksseiten. Natürlich reicht es aus, den Schnittpunkt von zwei Mittelsenkrechten zu bestimmen. Ein Punkt der Mittelsenkrechten ist der Mittelpunkt einer Dreiecksseite. Ein zugehöriger Richtungsvektor ergibt sich, wenn man den Lotvektor zum Seitenvektor bildet.

Die Seite AB hat den Mittelpunkt MP :A :B und einen Lotvektor V' SUB :B :A. Die Parameterdarstellung der Mittelsenkrechten der Seite AB wird mit dem folgenden Logobefehl in die Variable mit dem Namen "MS.AB eingespeichert:

```
MAKE "MS.AB .! MP :A :B V' SUB :B :A
```

Für die Mittelsenkrechte der Seite BC ergibt sich entsprechend:

```
MAKE "MS.BC .! MP :B :C V' SUB :C :B
```

Damit erhält man den Schnittpunkt :M der beiden Mittelsenkrechten:

```
MAKE "M GG :MS.AB :MS.BC
```

Die Berechnung des Schwerpunktes des Dreiecks

Der Schwerpunkt des Dreiecks ist schon als Funktionswert einer Funktion bestimmt worden. Der Befehl

```
MAKE "S SCHWERPUNKT :A :B :C
```

weist der Variablen mit dem Namen "S seinen Wert zu.

Die Berechnung des Höhenschnittpunkts

Die Höhen sind Senkrechte von einem Punkt :P auf eine Dreiecksseite. Die Grundaufgabe, durch einen Punkt :P auf eine Gerade :G die Senkrechte zu ermitteln, wird in dem folgenden Programm gelöst.

```
TO SENKRECHTE :P :GL
 OP N.! .! :P BL :GL
END
```

Darin ist :G eine der möglichen Geradendarstellungen, die im Programm erkannt und entsprechend behandelt werden. Mit diesem Programm kann man den Höhenschnittpunkt ermitteln, indem man die Gleichungen der Geraden AB und BC aufstellt, dann die Senkrechten vom gegenüberliegenden Punkt C und A auf sie bestimmt und diese dann zum Schitt bringt:

```
MAKE "AB N.! .. :A :B
MAKE "BC N.! .. :B :C
MAKE "H GG SENKRECHTE :C :AB SENKRECHTE :A :BC
```

Die Berechnung der Eulerschen Geraden

Es bleibt noch übrig, durch den Punkt :M in Richtung MS die Gerade anzugeben:

FPRINT .! :M SUB :S :M

Ihre Hessesche Normalform wird durch den Befehl

FPRINT HESSE2 M.! .! :M SUB :S :M

ausgedrückt. Man erkennt, daß auch :H auf dieser Geraden liegt: Addiert man den dreifachen Richtungsvektor :SM zum Ortsvektor :M, so erhält man :H, m. a. W.: Die Gleichung ADD SMULT 3 :SM :M = :H hat den Wahrheitswert "TRUE.

Aufgabe 2:

Prüfe in einem vorgegebenen Dreieck ABC:

Die Winkelhalbierende eines Dreiecks teilt die gegenüberliegende Seite im Verhältnis der anliegenden Seiten (Bild 4.5).

Lösung:

Es seien :A, :B und :C Ortsvektoren zu den Eckpunkten des Dreiecks. Die Winkelhalbierende WA teile die gegenüberliegende Seite im Punkt D. Dann soll die folgende Gleichung nachgerechnet werden:

Länge(DB) / Länge(DA) = Länge(AB) / Länge(AC)

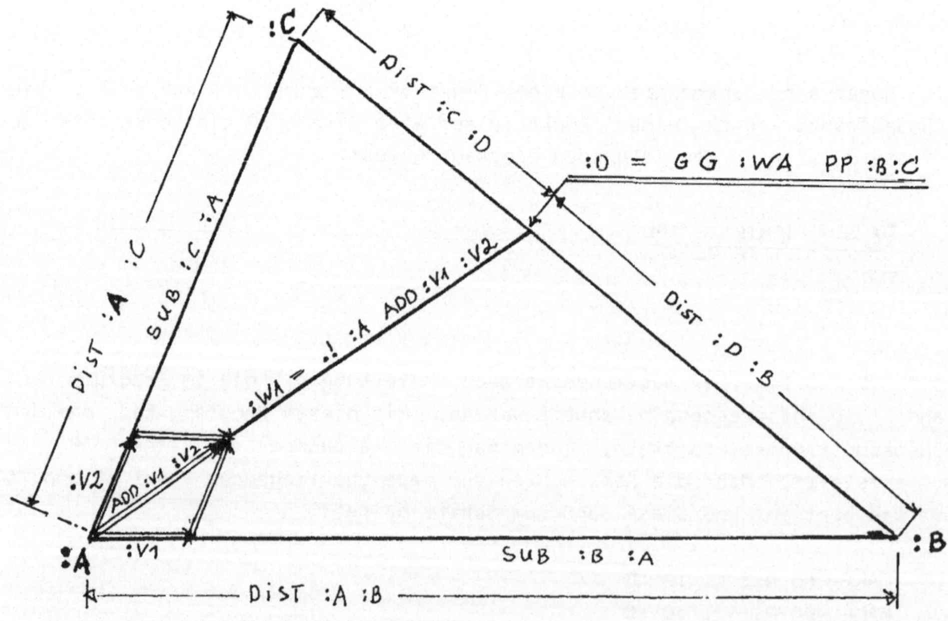

Bild 4.5

:V1 und :V2 sind Einheitsvektoren auf ihren Dreieckseiten. Die Punkt-Richtungsform .! :A :ADD :V1 :V2 liefert die Winkelhalbierende des Innenwinkels bei :A. Sie schneidet die gegenüberliegende Seitengerade .. :B :C in :D .

Als neue Grundaufgaben kommen demnach hinzu:
- Die Entfernungsbestimmung zweier Punkte
- Die Bestimmung einer Winkelhalbierenden zu zwei Geraden

Entfernung zweier Punkte :A und :B

```
TO DIST :A :B
 OP B SUB :B :A
END
```

Damit kann das Teilverhältnis auf der rechten Seite der obigen Gleichung ausgerechnet werden:

```
MAKE "TV1 ( DIST :A :B ) / ( DIST :A :C )
```

Die Gleichung der Winkelhalbierenden

Man erhält einen Richtungsvektor der Winkelhalbierenden WA, indem man Einheitsvektoren in Richtung AB und AC addiert. Die beiden Wertzuweisungen

```
MAKE "V1 VO SUB :B :A    MAKE "V2 VO SUB :C :A
```

speichern die Einheitsvektoren in "V1 und "V2 ein. Damit ergibt sich die Parameterdarstellung der Winkelhalbierenden als Wert von "WA:

```
MAKE "WA .! :A ADD :V1 :V2
```

Der Schnittpunkt dieser Geraden WA mit der Geraden AB ergibt D:

```
MAKE "D GG :WA .. :A :B
```

Nun kann auch das Teilverhältnis auf der linken Seite der obigen Gleichung ausgerechnet werden:

```
MAKE "TV2 ( DIST :D :B ) / ( DIST :D :C )
```

und es kann überprüft werden, ob die beiden Teilverhältnisse für die eingegebenen Werte von :A, :B und :C gleiche Werte haben.

4.3 Die Rechenstruktur der räumlichen analytischen Geometrie

Dieser Abschnitt soll unabhängig von der Erweiterung der zweidimensionalen Vektorgeometrie auf beliebig viele Dimensionen lesbar sein. Deshalb sollen die grundlegenden Vektorfunktionen noch einmal angegeben werden, ohne daß die grundsätzlichen Überlegungen wiederholt werden. Sie sind im Kapitel über Vektorrechnung und im vorigen Abschnitt über zweidimensionale analytische Geommetrie angegeben worden.

1. Erzeugungsfunktion

Erzeugt werden Vektoren und Punkte aus ihren Komponenten bezw. Koordinaten. Die Erzeugungsfunktion hat diese drei reellen Zahlen zur Eingabe und faßt sie zu einer Zahlenliste zusammen. In Logo leistet dies das geklammerte SENTENCE (SE): (SE :A :B :C) faßt drei Zahlen :A, :B und :C zu einer Liste zusammen und gibt diese als Funktionswert aus.

2. Zugriffsfunktionen auf die Komponenten eines Vektors

Mit Hilfe der Funktionen

```
TO X :A              TO Y :A                TO Z :A
 OP FIRST :A          OP FIRST BF :A         OP LAST :A
END                  END                    END
```

werden die erste, zweite und dritte Komponente bezw. Koordinate aus dem Vektor bezw. Punkt herausgegeriffen.

3. Multiplikation eines Vektors :V mit einer reellen Zahl :N

```
TO SMULT :N :V
 OP ( SE :N * ( X :V ) :N * ( Y :V ) :N * ( Z :V ) )
END
```

4. Addition zweier Vektoren :A und :B

```
TO ADD :A :B
 OP ( SE ( X :A ) + ( X :B ) ( Y :A ) + ( Y :B ) ( Z :A ) + Z :B )
END
```

5. Skalares Produkt zweier Vektoren :A und :B

```
TO SK3 :A :B
 OP ( X :A ) * ( X :B ) + ( Y :A ) * ( Y :B ) + ( Z :A ) * ( Z :B )
END
```

Mit diesen Grundfunktionen kann man weitere Funktionen aufbauen:

6. Negation eines Vektors :A

```
TO NEGIERE :A
 OP SMULT - 1 :A
END
```

7. Subtraktion des Vektors :B von :A

```
TO SUB :A :B
 OP ADD :A NEGIERE :B
END
```

8. Betrag B eines Vektors :V

```
TO B :A
 OP SQRT SK3 :A :A
END
```

9. Einheitsvektor V0 eines Vektors :V

```
TO V0 :V
 OP SMULT ( 1 / B :V ) :V
END
```

10. Punkt-Richtungs-Form einer Geraden

```
TO .! :P :R
 OP LIST :P :R
END
```

11. Punkt-Punkt-Form einer Geraden

```
TO .. :P1 :P2
 OP LIST :P1 DIFF :P2 :P1
END
```

Im Gegensatz zur ebenen gibt es in der räumlichen analytischen Geometrie im wesentlichen nur eine Geradendarstellung, da die Punkt-Punkt-Form eine verkappte Punkt-Richtungs-Form ist. Eine lineare Gleichung zwischen den Koordinaten x, y und z von Raumpunkten P(x,y,z) wird demgegenüber von den Punkten einer ganzen Ebene erfüllt. Deshalb gibt es jetzt analog zur Geradendarstellung in der Ebene zwei im wesentlichen verschiedene Ebenendarstellungen im Raum, die Punkt-Richtungs-Richtungs-Form und die oben genannte lineare Gleichung zwischen den Koordinaten x,y und z von Raumpunkten. Sie heißt Normalengleichung der Ebene. Auch hier ist es wieder möglich, vom Programm aus erkennen zu lassen, um welche Darstellungsform es sich handelt, so daß man nun allgemein von Ebenen sprechen kann, ohne daß man näher darauf eingehen muß, welche Darstellungsform sie haben.

Ebenendarstellung im Raum

Die Parameterdarstellung einer Ebene lautet (Bild 4.6):

R = A + s * R1 + t * R2

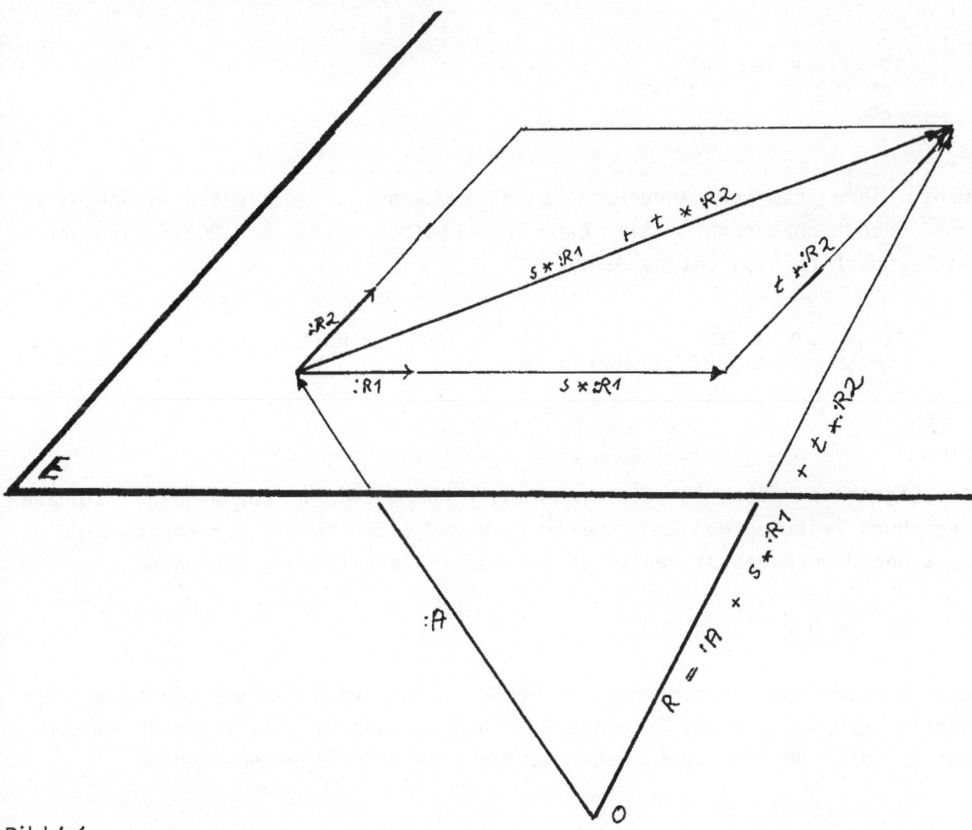

Bild 4.6
Durch den Ortsvektor :A und zwei linear unabhängige Richtungsvektoren :R1 und :R2 wird die Ebene E in der Punkt-Richtung-Richtungsform .!! :A :R1 :R2 aufgespannt. Der Übersichtlichkeit halber sind die Zeichen * und + in ihrer üblichen Bedeutung eingetragen worden. In der Logo-Formulierung müssen an ihrer Stelle die Logofunktionen SMULT und ADD verwendet werden.

Darin ist A der Ortsvektor eines beliebigen Ebenenpunktes, R1 und R2 sind nicht kollineare Vektoren der Ebene, s und t sind beliebige reelle Zahlen, "+" ist das Additionszeichen für Vektoren und "*" das Multiplikationszeichen der Skalarmultiplikation einer reellen Zahl mit einem Vektor. Die Wahl von s und t bestimmt genau einen Ebenenpunkt, und umgekehrt gehört zu jedem Ebenenpunkt genau ein Wertepaar der Parameter s und t. Für die Darstellung einer Ebene in dieser Form braucht man daher nur die Liste aus den drei Dreizahlensätzen A, R1 und R2 anzugeben. Die folgende Funktion hat diese Sätze zur Eingabe und die Liste als Funktionswert:

```
TO .!! :P :R1 :R2
 OP ( LIST :P :R1 :R2 )
END
```

Wegen ihrer häufigen Anwendung ist es zweckmäßig, auch die Dreipunkteform der Ebene anzugeben. Sie kann unmittelbar mit der Punkt-Richtungs-Richtungs-Form gebildet werden:

```
TO ... :A :B :C
 OP .!! :A SUB :B :A SUB :C :A
END
```

Im Gegensatz dazu ist die Normalengleichung einer Ebene eine lineare Gleichung zwischen den Koordinaten x, y und z der Punkte der Ebene. Sind a, b, c und d vorgegebene reelle Zahlen, so ist die lineare Gleichung

$$a x + b y + c z = d$$

eine Darstellung der zugeordneten Ebene. Daher kann man die Liste der vier Zahlen a,b,c und d als Ebenendarstellung auffassen. Die folgende Funktion hat sie als Funktionswert, wenn die vier Zahlen eingegeben werden:

```
TO EGL :A :B :C :D
 OP ( SE :A :B :C :D )
END
```

Die ersten drei Zahlen :A, :B und :C sind Komponenten eines Normalenvektors auf der Ebene, was sich analog zum zweidimensiionalen Fall nachweisen läßt. Ist daher die Ebene :E in ihrer Normalenform gegeben, so kann man mit BL :E einen Normalenvektor von :E herausgreifen. Die Bedingung, daß die Ebene in Normalenform vorliegen soll, ist keine wesentliche Einschränkung, da wir im folgenden Umwandlungsfunktionen von einer Ebenenform in die andere angeben werden. Die Punkt-Richtungs-Richtungs-Form und die Normalenform der Ebene kann man wieder leicht an der Anzahl der Komponenten der Liste unterscheiden. Die folgende Wahrheitswertfunktion gibt an, ob eine Normalenform der Ebene vorliegt:

```
TO NE? :E
 OP ( COUNT :E ) = 4
END
```

Mit dieser Wahrheitswertfunktion kann ein Programm die Eingabe einer

Ebenendarstellung analysieren und ggf. die gewünschte an ihrer Stelle einsetzen. Dies leisten die beiden folgenden Umwandlungsfunktionen:

```
TO N.!! :RR
 LOCAL "NV
 MAKE "NV KREUZ LAST BL :RR LAST :RR
 OP SE :NV SK3 FIRST :RR :NV
END
```

```
TO .!!N :GL
 LOCAL "A LOCAL "B LOCAL "C LOCAL "D
 MAKE "A FIRST :GL MAKE "B FIRST BF :GL
 MAKE "D LAST :GL MAKE "C LAST BL :GL
 TEST ( ANYOF :A = 0 :B = 0 :C = 0 )
 IFF OP ... ( SE :D / :A 0 0 ) ( SE 0 :D / :B 0 ) ( SE 0 0 :D / :C )
 TEST ANYOF ( :B = 0 ) ( :C = 0 )
 IFF ... OP ( SE 0 :D / :B 0 ) [1 0 0] ( SE 0 0 :D / :C )
 TEST :C = 0
 IFF OP ... ( SE 0 0 :D / :C ) [1 0 0] [0 1 0]
 OP ... ( SE 0 :D / :B 0 ) [1 0 0] [0 0 1]
END
```

Die Funktion N.!! formt eine Punkt-Richtungs-Richtungs-Form der Ebenendarstellung in eine Normalenform um, während .!!N :E eine Normalenform der Ebenendarstellung in Punkt-Richtungs-Richtungs-Form umwandelt.

Im folgenden soll die Rechenstruktur der dreidimensionalen euklidischen analytischen Geometrie angewendet werden, um Schnittfiguren der Grundelemente zu berechnen, falls sie vorhanden sind. Sind sie nicht vorhanden, wird eine Fehlermeldung abgegeben:

- Schnittpunkt dreier Ebenen
- Schnittpunkt Gerade - Ebene
- Schnittgerade zweier Ebenen

1. Schnittpunkt dreier Ebenen

In der Funktion EEE :E1 :E2 :E3 sind :E1, :E2 und :E3 Ebenendarstellungen in einer der beiden Formen (Bild 4.7). Der Funktionswert ist der Schnittpunkt der drei eingegebenen Ebenen. Zunächst wird dafür gesorgt, daß die Ebenen in einer Normalenform vorliegen. Dann wird ähnlich wie bei der Ermittlung des Schnittpunktes von zwei Geraden im vorigen Abschnitt eine Vektorgleichung gelöst, diesmal allerdings dreidimensional:

```
:A x  + :B y  + :C z  = :D
```

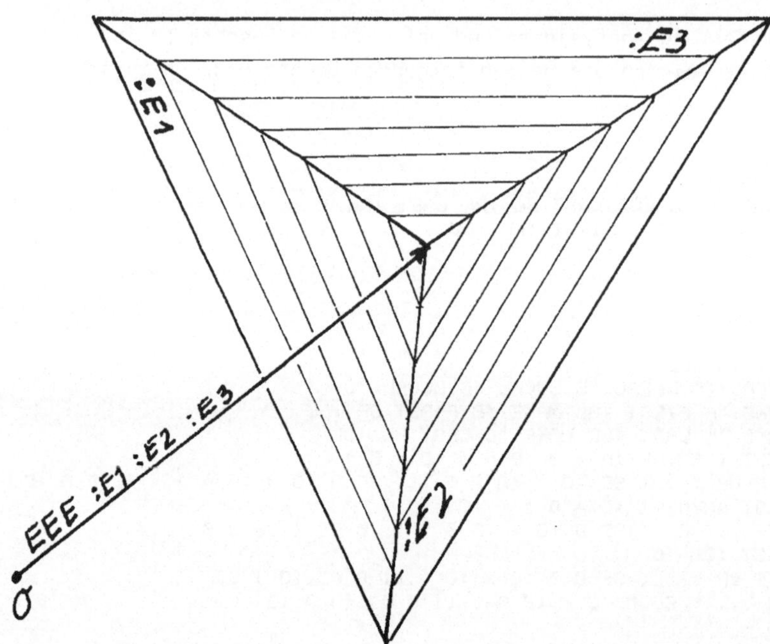

Bild 4.7
Drei Ebenen :E1, :E2 und :E3 schneiden sich in einem Punkt EEE :E1 :E2 :E3 , wenn nicht zwei von ihnen parallel sind.

Dabei sind x, y und z die Koordinaten des Schnittpunktes der drei Ebenen und :A ist der Vektor der Vorzahlen von x, :B der der Vorzahlen von y, :C der der Vorzahlen von z und :D der der Zahlen auf den rechten Seiten der Ebenengleichungen. Die Lösung erfolgt analog zum o. a. Fall:

```
TO EEE :E1 :E2 :E3
 TEST ( COUNT :E1 ) = 3
 IFT MAKE "E1 N.!! :E1
 TEST ( COUNT :E2 ) = 3
 IFT MAKE "E2 N.!! :E2
 TEST ( COUNT :E3 ) = 3
 IFT MAKE "E3 N.!! :E3
 LOCAL "A LOCAL "B LOCAL "C LOCAL "D
 MAKE "A ( SE FIRST :E1 FIRST :E2 FIRST :E3 )
 MAKE "B ( SE FIRST BF :E1 FIRST BF :E2 FIRST BF :E3 )
 MAKE "C ( SE LAST BL :E1 LAST BL :E2 LAST BL :E3 )
 MAKE "D ( SE LAST :E1 LAST :E2 LAST :E3 )
 OP GL3 :A :B :C :D
END
```

Darin ermittelt die Funktion GL3 :A :B :C :D den Lösungsvektor des o. a. Gleichungssystems nach der Cramerschen Regel:

```
TO GL3 :A :B :C :D
 LOCAL "X LOCAL "Y LOCAL "Z LOCAL "DET
 MAKE "DET DET3 :A :B :C
 IF ( :DET = 0 ) OP [UNLOESBAR]
 MAKE "X ( DET3 :D :B :C ) / :DET
 MAKE "Y ( DET3 :A :D :C ) / :DET
 MAKE "Z ( DET3 :A :B :D ) / :DET
 OP ( SE :X :Y :Z )
END
```

Dafür wird die Berechnung des Wertes einer dreireihigen Determinante gebraucht, die als Eingabe die Spaltenvektoren :A, :B und :C hat. Sie greift nach dem Entwicklungssatz auf die Entwicklung der ersten Zeile nach ihren zweireihigen Unterdeterminanten zurück, die mit DET2 berechnet werden:

```
TO DET3 :A :B :C
 OP ( FIRST :A ) * ( DET2 BF :B BF :C ) - ( FIRST :B ) * ( DET2 BF :A BF :C ) +
( FIRST :C ) * ( DET2 BF :A BF :B )
END
```

Hat das Gleichungssystem keinen eindeutigen Lösungsvektor, so wird eine Fehlermeldung ausgegeben.

2. Schnittpunkt Gerade - Ebene

Der Vektor zum Durchstoßpunkt der Geraden :G durch die Ebene :E ist Funktionswert der Funktion GE :G :E (Bild 4.8). Darin ist :G eine Darstellung der Geraden :G in Punkt-Richtungs-Form und :E ist eine Ebenendarstellung in einer der beiden Formen. Diese wird zunächst ggf. in die Normalenform gebracht. Dann werden ein Normalenvektor :N der Ebene und ein Richtungsvektor :V der Geraden ermittelt. Stehen sie aufeinander senkrecht, d.h. ist ihr skalares Produkt SK3 :N :V = 0, gibt es keine Lösung, und diese Fehlermeldung wird ausgegeben. Sonst gelten für den Ortsvektor R des Durchstoßpunktes die Vektorgleichungen:

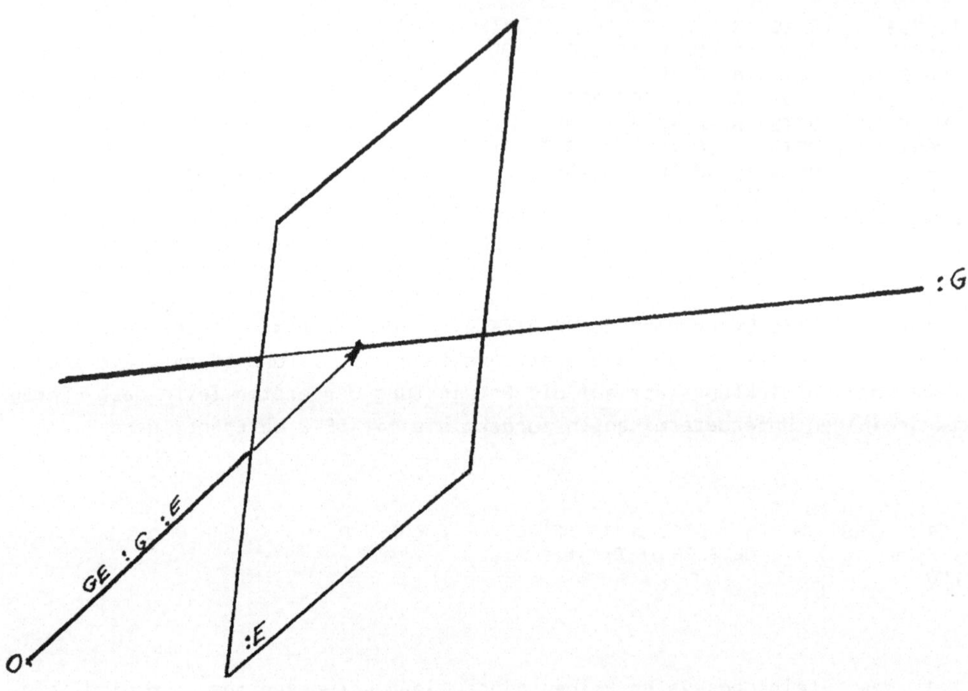

Bild 4.8
Eine Gerade :G und eine Ebene :E schneiden sich in einem Punkt GE :G :E , wenn sie nicht parallel sind.

Parameterdarstellung der Geraden:

R = :P + s * :V

Normalengleichung der Ebene:

R o :N = d

Darin sind :P der Ortsvektor zu einem beliebigen Geradenpunkt, :N und :V Vektoren mit den o. a. Bedeutungen, s und d reelle Zahlen und die Zeichen "*" und "o" sind Skalarmultiplikationszeichen für die Multiplikation von einer reellen Zahl mit einem Vektor bezw. für das skalare Produkt zweier Vektoren.

Multipliziert man die Parameterdarstellung von R skalar mit :N durch und setzt die rechten Seiten gleich, erhält man die Gleichung

d = :P o :N + s * :V o :V

Daraus ergibt sich s:

s = (d - :P o :N) / (:V o :V)

Mit diesem s-Wert kann man nun in die Parameterdarstellung der Geraden hineingehen, um den Durchstoßpunkt R zu bestimmen. Die Logo-Übersetzung davon steht im Programm GE :G :E.

```
TO GE :G :E
 IF NOT NE? :E MAKE "E N.!! :E
 LOCAL "V MAKE "V LAST :G
 LOCAL "N MAKE "N BL :E
 LOCAL "S
 MAKE "S ( LAST :E ) - ( SK3 FIRST :G :N )
 MAKE "S :S / SK3 :V :N
 OP ADD FIRST :G SMULT :S :V
END
```

Zunächst wird "S als Variable bereitgestellt. Dann wird dieser Variablen der Dividend d - :P o :N zugewiesen, der hier folgendermaßen heißt:

(LAST :E) - (SK3 FIRST :G :N)

Dieser Wert muß noch durch das skalare Produkt von :V und :V dividiert werden. Anschließend kann man als Funktionswert die Vektorsumme von :P (FIRST :G) und dem mit :S multiplizierten Vektor :V (LAST :G) ausgeben.

3. Die Schnittgerade zweier Ebenen

Ein Richtungsvektor der Schnittgeraden zweier Ebenen steht auf den Normalenvektoren der beiden Ebenen senkrecht. Um einen zu zwei nicht kollinearen Vektoren des Raumes senkrechten Vektor zu erzeugen verwenden wir das Vektorprodukt der beiden Vektoren.

Das Vektorprodukt

Wie das Skalarprodukt kann das Vektorprodukt zweier Vektoren im Raum hier nicht eingeführt werden, sondern es soll nur gezeigt werden, wie es in einer Rechenstruktur der analytischen Geometrie des Raumes mit Logo verwendet werden kann. Im Gegensatz zum Skalarprodukt ist das Vektorprodukt ein Vektor. Es ist der Nullvektor, wenn die beiden Faktoren kollinear sind. Sonst bilden der erste Faktor, der zweite Faktor und ihr Vektorprodukt wie das Basissystem ein Rechtssystem, in dem die drei Vektoren aufeinander senkrecht stehen, und die Länge des Produktvektors ist gleich der Maßzahl der Fläche des von den beiden Faktoren aufgespannten Parallelogramms (Bild 4.9).

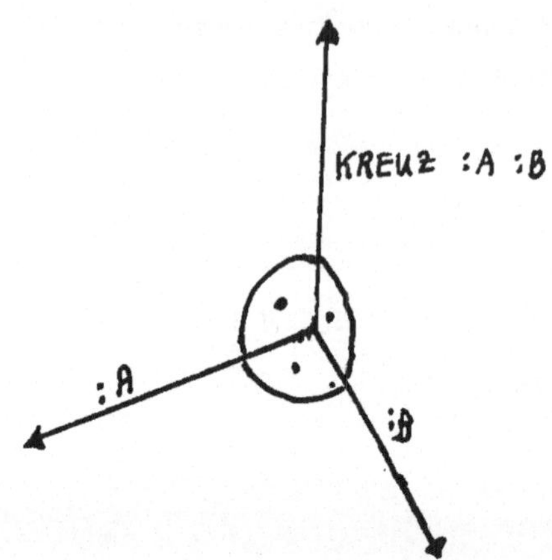

Bild 4.9
KREUZ :A :B ist das Vektorprodukt aus den Vektoren :A und :B.

Bezeichnet man die Faktoren mit :A = [a1 a2 a3] und :B = [b1 b2 b3], so gibt die folgende Liste eine Koordinatendarstellung dieses Vektors an:

[[a2 * b3 - a3 * b2][a3 * b1 - a1 * b3]][a1 * b2 - a2 * b1]]

Man stellt fest, daß das Vektorprodukt eines Vektors :A mit sich oder einem Vielfachen von sich der Nullvektor ist. Da das Vektorprodukt auch als Kreuzprodukt bezeichnet wird, soll die Funktion KREUZ :A :B diese Liste als Funktionswert haben.

```
TO KREUZ :A :B
 LOCAL "X LOCAL "Y LOCAL "Z
 MAKE "X DET2 BF :A BF :B
 MAKE "Y DET2 SE LAST :A FIRST :A SE LAST :B FIRST :B
 MAKE "Z DET2 BL :A BL :B
 OP ( SE :X :Y :Z )
END
```

Die Schnittgerade zweier Ebenen :E1 und :E2

Es seien :E1 und :E2 die beiden Ebenen. Die Funktion EE :E1 :E2 soll eine Punktrichtungsform ihrer Schnittgeraden als Funktionswert haben, wenn die Ebenen nicht parallel sind (Bild 4.10).

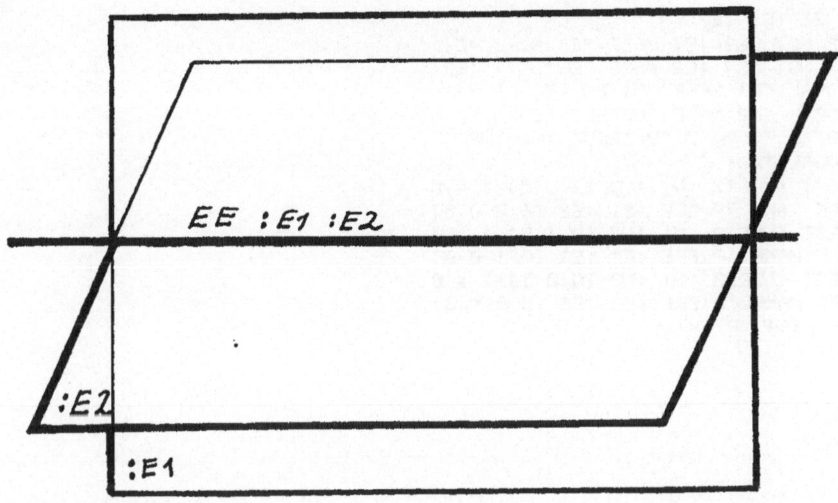

Bild 4.10

Zwei Ebenen :E1 und :E2 schneiden sich in einer Geraden EE :E1 :E2 , wenn sie nicht parallel sind.

Dazu muß man einen Punkt und eine Richtung der Schnittgeraden bestimmmen. Zunächst wollen wir den Richtungsvektor :V dieser Geraden bestimmen. Dazu wandeln wir die Ebenen ggf. in ihre Normalenform um, damit wir ihre Normalenvektoren zur Verfügung haben (BL :E1 und BL :E2). Das Kreuzprodukt dieser beiden Vektoren ist entweder ein Nullvektor (dann sind die Ebenen parallel) oder es ist ein Richtungsvektor ihrer Schnittgeraden. Er wird mit MAKE "V KREUZ BL :E1 BL :E2 berechnet. Nun benötigt man noch einen Punkt :P der Schnittgeraden. Falls diese existiert, muß sie mindestens eine der drei Koordinatenebenen schneiden. Daher muß die dreireihige Determinante aus BL :E1, BL :E2 und einem der drei Vektoren [1 0 0], [0 1 0] oder [0 0 1] von 0 verschieden sein. Das Programm sucht sich einen dieser Fälle aus und schneidet die zugehörige Koordinatenebene mit den gegebenen Ebenen :E1 und :E2. Der Schnittpunkt ist :P. Aus :P und :V wird die gesuchte Gerade nach der Punkt-Richtungs-Form zusammengesetzt.

```
TO EE :E1 :E2
 IF NOT NE? :E1 MAKE "E1 N.!! :E1
 IF NOT NE? :E2 MAKE "E2 N.!! :E2
 LOCAL "N1 MAKE "N1 BL :E1
 LOCAL "N2 MAKE "N2 BL :E2
 LOCAL "V MAKE "V KREUZ :N1 :N2
 LOCAL "P
 TEST ( DET3 :N1 :N2 [1 0 0] ) = 0
 IFF MAKE "P EEE :E1 :E2 [1 0 0 0]
 TEST ( DET3 :N1 :N2 [0 1 0] ) = 0
 IFF MAKE "P EEE :E1 :E2 [0 1 0 0]
 TEST ( DET3 :N1 :N2 [0 0 1] ) = 0
 IFF MAKE "P EEE :E1 :E2 [0 0 1 0]
 OP LIST :P :V
END
```

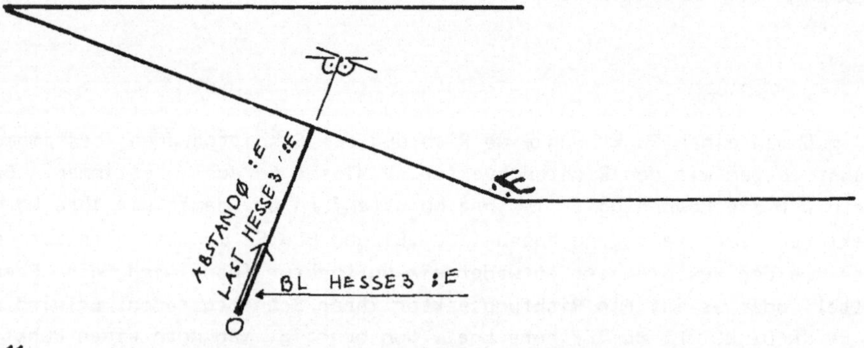

Bild 4.11
Der letzte Term der Hesse-Gleichung einer Ebene gibt den Abstand der Ebene vom Koordinatenursprung 0 an. Der Vektor BL HESSE3 :G aus den ersten drei Zahlen ist ein Normaleneinheitsvektor der Ebene :G.

4.4 Anwendungen der räumlichen analytischen Geometrie

Die Schnittfigurbestimmungen aus dem vorigen einführenden Abschnitt in die räumliche analytische Geometrie sind bereits Anwendungen. Wir geben zunächst als weitere grundsätzliche Anwendungen Abstandsbestimmungen:

- Abstand Punkt - Punkt
- Abstand Punkt - Ebene
- Abstand Punkt - Gerade
- Abstand Gerade - Gerade

Bei diesen Abstandsbestimmungen wird oft auch nach den Fußpunkten der Lote gefragt.

1. Abstand Punkt - Punkt

Sind :P1 und :P2 die Ortsvektoren zu den beiden Punkten, so ist SUB :P2 :P1 der Vektor von :P1 nach :P2. Seine Länge ist gefragt:

```
TO D.. :A :B
 OP SQRT B :A :B
END
```

2. Punkt - Ebene

Bei der Abstandsbestimmung Punkt - Gerade in der zweidimensionalen analytischen Geometrie haben wir auf die Hessesche Normalform einer Geraden in der Ebene zurückgegriffen. In genau analoger Weise wird in der dreidimensionalen analytischen Geometrie der Abstand eines Punktes von einer Ebene ermittelt. Wir benötigen dazu also die Hessesche Normalform der Ebenengleichung.

Die Hessesche Normalform einer Ebene

Die ersten drei Koeffizienten einer in Normalenform gegebenen Ebenendarstellung bilden einen Normalenvektor. Dividiert man die Ebenengleichung durch den Betrag des Normalenvektors, so wird daraus der Normaleneinheitsvektor. Die entstandene Gleichung der Hesseschen Normalform der Ebene wird durch die Logo-Liste ihrer Vorzahlen dargestellt.

Die rechte Seite gibt den Abstand der Ebene vom Koordintatenursprung an. Er ist der Funktionswert der Funktion ABSTANDO :E (siehe Bild 4.11). Der Grundgedanke dieser Gleichung besteht darin, daß die Projektion aller Ortsvektoren zu Ebenenpunkten auf einen Normalenvektor der Ebene gleich dem Abstand der Ebene vom Koordinatenursprung ist. Nimmt man statt eines beliebigen Normlenvektors einen Normaleneinheitsvektor in Richtung auf die

Ebene, so wird dieser Abstand durch das skalare Produkt des Ortsvektors zur Ebene mit dem Normaleneinheitsvektor ausgedrückt:

```
TO ABSTAND0 :E
 IF ( COUNT :E ) = 3 MAKE "E N.!! :E
 OP ( LAST :E ) / B BL :E
END
```

Den Abstand eines beliebigen Punktes :P von der Ebene :E erhält man wie den Abstand eines beliebigen Punktes von einer Geraden im zweidimensionalen Fall (Bild 4.12):

```
TO ABSTAND :P :E
 IF ( COUNT :E ) = 3 MAKE "E N.!! :E
 OP ( ABSTAND0 :E ) - ( SK3 V0 BL :E :P )
END
```

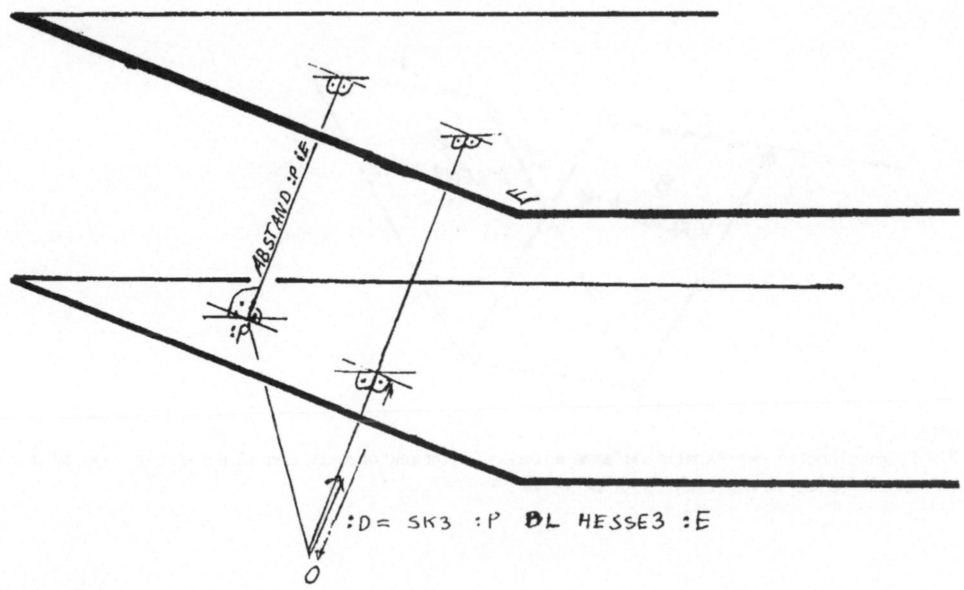

Bild 4.12
Der Abstand eines Punktes :P von einer Ebene :E ergibt sich aus der Differenz des Abstandes der Ebene :E vom Ursprung 0 und des Abstandes :D der zu :E parallelen Ebene durch :P.

3. Abstand Punkt - Gerade

Die Darstellung einer Geraden mit Hilfe des Vektorproduktes

Das Vektorprodukt KREUZ :A :V zweier Vektoren :A und :V wurde als Vektor dargestellt, der senkrecht auf :A und :V steht, so daß :A, :V und KREUZ :A :V wie das Basissystem ein Rechtssystem bilden, und dessen Länge gleich dem Flächeninhalt des von :A und :V aufgespannten Paralleleogramms ist. Faßt man nun :A als den Ortsvektor eines Geradenpunktes einer Geraden mit dem Richtungsvektor :V auf, so ändert sich dieser Flächeninhalt nicht, wenn man :A beliebig auf der Geraden verschiebt, weil die entstehenden Parallelogrammflächen durch Scherung in :V-Richtung auseinander hervorgehen. In Bild 4.13 ist :A' ein verschobener Vektor, und die Vektorprodukte KREUZ :A' :V und KREUZ :A :V sind aus dem genannten Grund gleich. Diese Gleichung könnte man als eine zweite Geradenform der dreidimensionalen analytischen Geometrie auffassen. Wir tun dies im folgenden nicht, benutzen aber die angegebene Gleichheit der beiden Flächen.

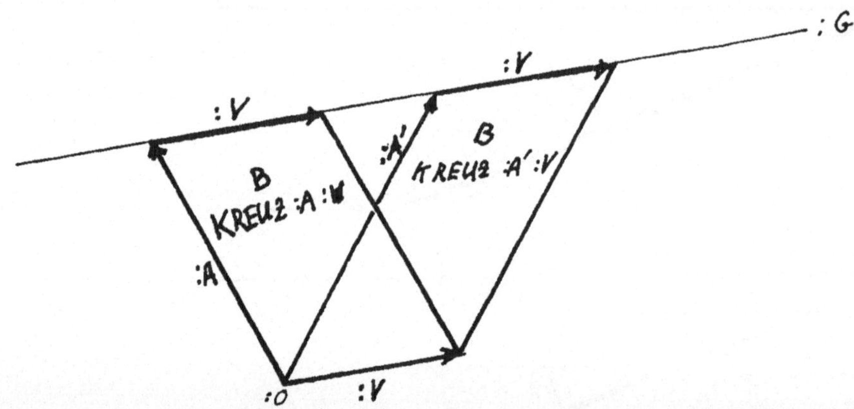

Bild 4.13
Die Flächeninhalte der Parallelogramme mit den Seitenvektoren :V und :A einerseits und :V und :A' andererseits sind gleich: B KREUZ :A :V = B KREUZ :A' :V

Der Abstand einer Geraden vom Koordinatenursprung

Fällt man das Lot vom Koordinatenursprung auf die Gerade, so wird das oben genannte Parallelogramm zu einem Rechteck, dessen Seiten aus dem gesuchten Abstand :D der Geraden vom Koordinatenursprung und der Länge des Richtungsvektors :V bestehen (Bild 4.14). Die Maßzahlen der beiden Flächen sind also gleich, so daß B KREUZ :A :V = :D * B :V. Damit ergibt sich das folgende Programm zur Berechnung des Absandes der Geraden :G vom Koordinatenursprung:

```
TO D0.G :G
 OP B V0 KREUZ FIRST :G LAST :G
END
```

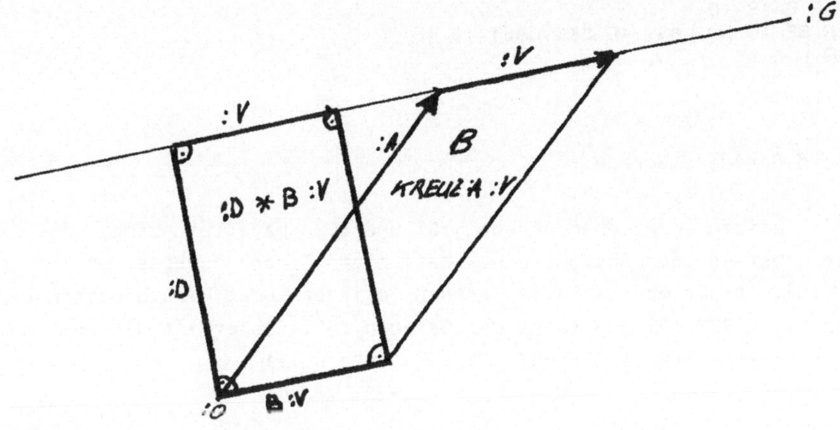

Bild 4.14
Ist :D der Betrag des Lotes von :O auf :G, so gilt:
:D * B :V = B KREUZ :A :V und damit :D = (B KREUZ :A :V) / B :V

Der Abstand eines beliebigen Punktes :P von einer Geraden :G ergibt sich aus der vorangehenden Überlegung, indem man diesen beliebigen Punkt zum Koordinatenursprung macht. Der Richtungsvektor :V der Geraden bleibt dabei unverändert, während der Ortsvektor :A des Geradenpunktes nun durch SUB :A :P ersetzt werden muß:

```
TO D.G :P :G
 OP D0.G .! SUB FIRST :G :P LAST :G
END
```

Der Lotfußpunkt des Lotes von :P auf die Gerade :G

Man kann den Abstand D.G :P :G des Punktes :P von der Geraden :G im Raum auch dadurch bestimmen, daß man den Lotfußpunkt :F des Lotes von :P auf :G ermittelt und dann den Abstand der Punkter :P und :F ausrechnen läßt. Im Raum gibt es zu einer Geraden :G durch einen Punkt :P eine Lotebene. Sie hat als Normalenvektor den Richtungsvektor der Geraden. Seine Komponenten sind die Koeffizienten der ersten drei Glieder der Normalengleichung der Ebene und treten in der Normalendarstellung der Ebene als die ersten drei Glieder einer Liste auf. Das vierte Glied erhält man durch das skalare Produkt von :P mit dem Richtungsvektor, so daß eine Ebenendarstellung der Lotebene durch den Ausdruck SE BL :G SK3 BL :G :P gegeben ist. Der Schnittpunkt von :G und der Lotebene von :P auf :G wird in dem Programm F.G :P :G berechnet.

```
TO F.G :P :G
 OP GE :G SE LAST :G SK3 LAST :G :P
END
```

4. Abstand Gerade - Gerade

Wenn die beiden gegebenen Geraden :G1 und :G2 parallel sind, ist der gesuchte Abstand der Abstand eines beliebigen Geradenpunktes von :G1 zur Geraden :G2. Denkt man sich die Geraden in ihrer Punkt-Richtungsform gegeben, so ist FIRST :G1 ein Punkt der Geraden :G1. Daher ist der Abstand im Falle der Parallelität D.G FIRST :G1 :G2 (Bild 4.15).

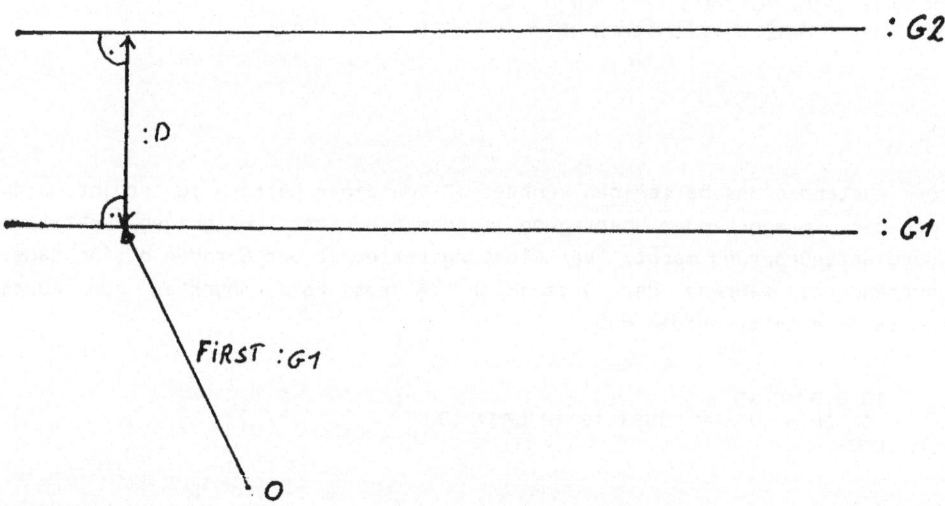

Bild 4.15
Der Abstand GG :G1 :G2 zweier paralleler Geraden :G1 und :G2 ist gleich dem Abstand eines beliebigen Punktes der Geraden :G1 von der Geraden :G2. Als einen solchen beliebigen Punkt kann man FIRST :G1 nehmen, wenn :G1 in Punkt-Richtungsform gegeben ist.

Wenn die beiden Geraden :G1 und :G2 nicht parallel sind, dann spannen ihre Richtungsvektoren LAST :G1 und LAST :G2 Ebenen auf. Zeichnet man eine dieser Ebenen durch FIRST :G1 und eine zweite durch FIRST :G2, so liegt :G1 ganz in der ersten und :G2 ganz in der zweiten Ebene. Der Abstand der beiden Ebenen ist der gesuchte Abstand der beiden Geraden (Bild 4.16). Man kann ihn ermitteln, indem man den Abstand eines beliebigen Ebenenpunktes der ersten Ebene (z. B. FIRST :G1) von der zweiten Ebene ermittelt. Die beiden Fälle (parallele und nicht parallele Geraden) sind in dem folgenden Programm zusammengefaßt, in dem sich für den Sonderfall sich schneidender

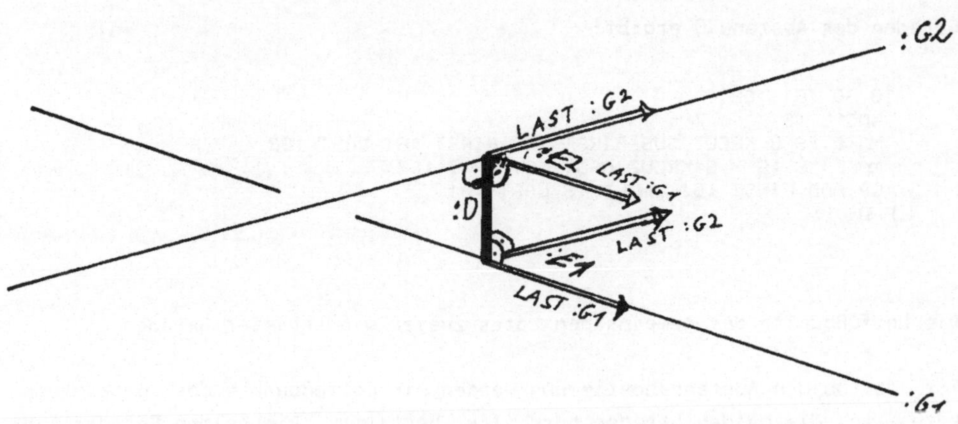

Bild 4.16
Sind :G1 und :G2 zwei nicht parallele Geraden, so ist der Abstand beider Geraden gleich dem Abstand der parallelen Ebenen :E1 und :E2, wobei :E1 die Gerade :G1 und :E2 die Gerade :G2 enthält und die Richtungsvektoren der Ebenen die Richtungsvektoren der Geraden sind.

Geraden der Abstand 0 ergibt:

```
TO GG :G1 :G2
 LOCAL "S
 MAKE "S B KREUZ SUB FIRST :G2 FIRST :G1 LAST :G2
 MAKE "S :S / B KREUZ LAST :G1 LAST :G2
 OP ADD FIRST :G1 SMULT :S LAST :G1
END
```

Die Lotfußpunkte des gemeinsamen Lotes zweier windschiefer Geraden

Mit der obigen Abstandsbestimmung werden die Lotfußpunkte des gemeinsamen Lotes auf die beiden Geraden noch nicht bestimmt. Die beiden Geraden :G1 und :G2 seien durch ihre Punkt-Richtungs-Form gegeben. Mit MAKE "A1 FIRST :G1 und MAKE "V1 LAST :G1 kann man auf den Punkt :A1 und die Richtung :V1 von :G1 zugreifen, ebenso mit MAKE "A2 FIRST :G2 und mit MAKE "V2 auf Punkt und Richtung der Geraden :G2. :F1 sei der Fußpunkt des gemeinsamen Lotes von :G1 und :G2 auf :G1, :F2 der auf :G2 (Bild 4.17).

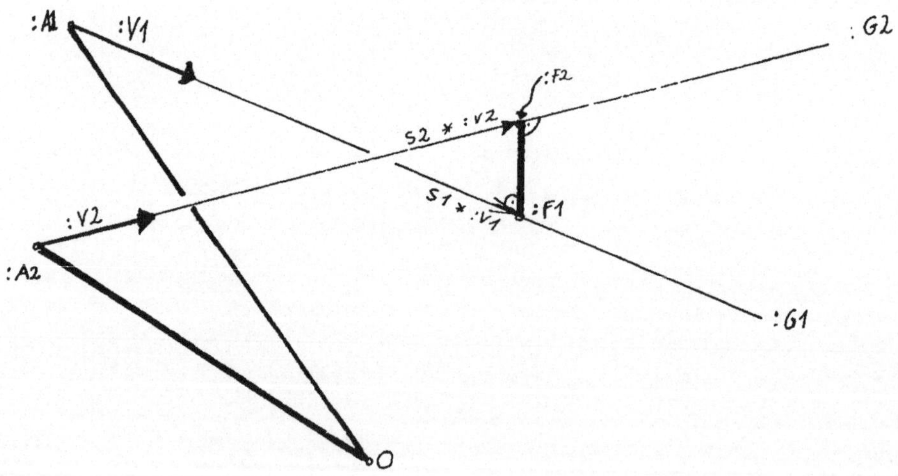

Bild 4.17
:F1 und :F2 sind die Lotfußpunkte des gemeinsamen Lotes zweier Geraden. Die Liste dieser beiden Punkte ist der Funktionswert der Funktion FGG :G1 :G2.

Dann gilt:

```
:F1 = :A1 + :S1 * :V1
:F2 = :A2 + :S2 * :V2
```

Darin ist + das Operationszeichen für die Vektoraddtion und * das für die Multiplikation einer Zahl mit einem Vektor. Die Zahlen :S1 und :S2 sollen so bestimmt sein, daß die beiden Fußpunkte berechnet werden. Subtrahiert man die beiden Vektorgleichungen, so erhält man

:F1 - :F2 = :A1 - :A2 + :S1 * :V1 - :S2 * :V2

Multipliziert man diese Vektorgleichung skalar mit :V1 und :V2 (das Multiplikationszeichen sei o) und berücksichtigt dabei, daß die beiden Richtungsvektoren :V1 und :V2 auf dem Lotvektor :F1 - :F2 senkrecht stehen, so erhält man das Gleichungssystem

:S1 * :V1 o :V1 - :S2 * :V1 o :V2 = (:A2 - :A1) o :V1
:S1 * :V1 o :V2 - :S2 * :V2 o :V2 = (:A2 - :A1) o :V2

Man erhält also :S1 und :S2 als Lösung des obigen Gleichungssystems. Man kann es als eine Vektorgleichung

:S1 * :A + :S2 * :B = :C

auffassen, in der die Vektoren :A, :B und :C durch die Wertzuweisungen

```
MAKE "A SE SK3 :V1 :V1 SK3 :V1 :V2
MAKE "B SE (-1)*SK3 :V1 :V2 (-1)*SK3 :V2 :V2
MAKE "C SE SK3 SUB :A2 :A1 :V1 SK3 SUB :A2 :A1 :V2
```

ihre Werte erhalten haben. Der Lösungsvektor ist dann der Funktionswert der Funktion GL2 :A :B :C, so daß :S1 seine erste und :S2 seine zweite Komponente ist. Die Fußpunkte der Lösung erhält man nun durch die Ausdrücke ADD :A1 SMULT :S1 :V1 und ADD :A2 SMULT :S2 :V2. Dies ist in dem folgenden Programm zusammengefaßt.

```
TO FGG :G1 :G2
 LOCAL "A1 LOCAL "V1
 LOCAL "A2 LOCAL "V2
 MAKE "A1 FIRST :G1 MAKE "V1 LAST :G1
 MAKE "A2 FIRST :G2 MAKE "V2 LAST :G2
 LOCAL "A LOCAL "B LOCAL "C
 MAKE "A SE SK3 :V1 :V1 SK3 :V1 :V2
 MAKE "B SE ( - 1 ) * SK3 :V1 :V2 ( - 1 ) * SK3 :V2 :V2
 MAKE "C SE SK3 SUB :A2 :A1 :V1 SK3 SUB :A2 :A1 :V2
 LOCAL "S
 MAKE "S GL2 :A :B :C
 OP LIST ADD :A1 SMULT FIRST :S :V1 ADD :A2 SMULT LAST :S :V2
END
```

5 Ebene und räumliche Kongruenzabbildungen

Auch in diesem Kapitel geht es nicht darum, mathematische Sachverhalte zu entwickeln, sondern sie zu benutzen. Die grundlegenden Kongruenzabbildungen der Ebene wie Parallelverschiebungen, Drehungen um einen Punkt und Geradenspiegelungen sind von der Schule her bekannt, und die des Raums können analog dazu entwickelt werden. Die geometrischen Grundgedanken sind recht einfach; sie stammen aus dem Anfangsunterricht in Geometrie. Die analytische Umsetzung dieser Gedanken erfordert aber komplizierte Rechnereien, so daß sie meistens in der Schule nicht mehr ausgeführt werden. Nun nimmt der Rechner uns diese Arbeit ab, und wir können sie analytisch nachvollziehen. Der Ansatz dieser Entwicklung soll hier dargestellt werden.

5.1 Die Entwicklung der Kongruenzabbildungen der Ebene aus Translationen und Geradenspiegelungen

Kongruenzabbildungen der euklidischen Ebene sind umkehrbar eindeutige Abbildungen der Punkte und Geraden der Ebene auf sich, bei denen die "Inzidenzen" von Punkten und Geraden (d. h. die Beziehungen "Punkt A liegt auf der Geraden g" oder "Gerade g geht durch den Punkt A"), die Anordnung der Punkte auf Geraden (Punkt B liegt zwischen Punkt A und Punkt C) und der Geraden durch Punkte sowie die Längen von Strecken und die Größen von Winkeln erhalten bleiben. In der elementaren Schulgeometrie wird anschaulich gezeigt, daß es drei Grundabbildungen gibt, mit denen alle Kongruenzabbildungen dargestellt werden können:

- die Translation oder Parallelverschiebung der Ebene um einen Verschiebungsvektor
- die Drehung der Ebene um einen Drehpunkt durch einen Winkel
- die Spiegelung der Ebene an einer Geraden

Die mathematische Begründung dafür ist Gegenstand der analytischen Abbildungsgeometrie, die hier nicht behandelt werden soll. Von den drei genannten Kongruenzabbildungen hat sich die Geradenspiegelung als elementar erwiesen, denn die anderen beiden lassen sich durch sie darstellen. So ist die Translation um einen Vektor durch die Hintereinanderausführung von zwei Spiegelungen an Geraden darstellbar, die senkrecht zum Translationsvektor sind und einen Abstand haben, der halb so groß wie seine Länge ist. Dies werden wir nicht ausnutzen, denn wir wollen keine Geometrie treiben, sondern zeigen, wie man Rechenstrukturen der Geometrie aufbaut. Die Translation haben wir aber schon entwickelt (siehe dazu aus Kapitel 1.3 das Programm TO TL :FIGUR :VEKTOR). In diesem Kapitel haben wir über die Figurgeometrie hinaus die analytische Geometrie zur Verfügung, so daß wir in der Ebene über Punkte und Figuren hinaus nun auch über den Datentyp "Gerade" verfügen - in welcher Darstellungsform er auch im Einzelfall gegeben ist.

Daher ergänzen wir nun die dort gegebenen Funktion durch die Translation TL.G einer Geraden :G mit einem Verschiebungsvektor :V. Wir vereinbaren, daß der Funktionswert dieser Translation in der Hesseschen Normalform berechnet wird:

```
TO TL.G :G :V
 IF ( COUNT :G ) = 3 MAKE "G .!N :G
 OP HESSE2 .! ADD :V FIRST :G LAST :G
END
```

Die Drehung um einen Drehpunkt durch einen Drehwinkel ließe sich ähnlich wie in der Figurgeometrie einführen, aber wir wollen auch hier die Ergebnisse der analytischen Geometrie einbringen. Für uns ist es jetzt leicht, die Geradenspiegelung zu beschreiben und die Drehung mit Hilfe von Geradenspiegelungen zu anzugeben.

Die Geradenspiegelung

Es sei :P ein Punkt der Ebene und :G eine Gerade in einer der im vorigen Kapitel genannten Darstellungen. Geometrisch erhält man den durch die Spiegelung an der Geraden :G erzeugten Bildpunkt P' von :P, indem man zum Ortsvektor von :P den doppelten Lotvektor von :P auf :G addiert (Bild 5.1).

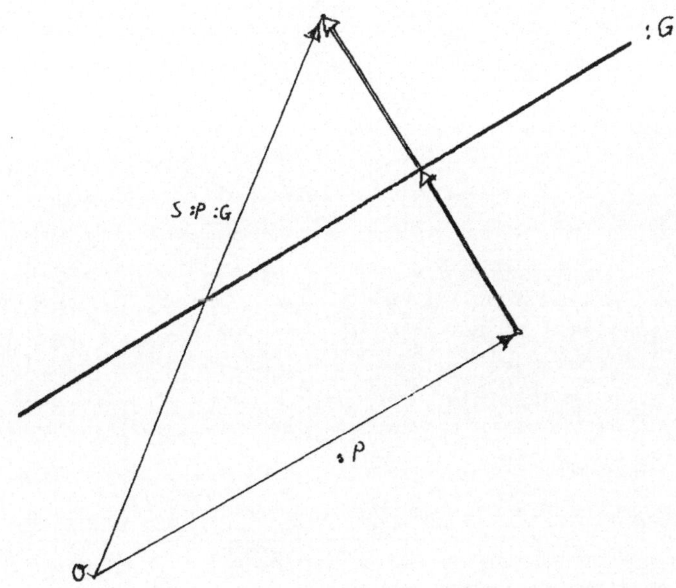

Bild 5.1
S :P :G ist der Spiegelpunkt der Spiegelung des Punktes :P an der Geraden :G.

```
TO S :P :G
 IF ( COUNT :G ) = 3 MAKE "G .!N :G
 LOCAL "D
 MAKE "D ABSTAND :P :G
 LOCAL "V0'
 MAKE "V0' V0 V' LAST :G
 OP ADD :P SMULT 2 * :D :V0'
END
```

Diese Spiegelung des Punktes :P an der Geraden :G läßt sich wie in Kapitel 1 über Figurgeometrie zu einer Figurabbildung verallgemeinern:

```
TO S.F :FIGUR :G
 IF :FIGUR = [] OP []
 OP FPUT S FIRST :FIGUR :G S.F BF :FIGUR
END
```

Die Spiegelung einer Geraden :H an einer Geraden :G kann nun durch die folgende Funktion dargestellt werden, in der der Funktionswert die Hessesche Normalform der gespiegelten Geraden ist.

```
TO S.G :H :G
 IF ( COUNT :H ) = 3 MAKE "H .!N :H
 OP HESSE2 .. S FIRST :H :G S ADD FIRST :H LAST :H :G
END
```

Die Drehung

Die Drehung der Ebene um einen Drehpunkt :D durch einen Drehwinkel :W kann durch die Hintereinanderausführung von Spiegelungen an zwei Geraden dargestellt werden, die sich im Drehpunkt schneiden und den Winkel :W/2 miteinander bilden (siehe Bild 5.2). Dort wird durch Hintereinanderausführung von Spiegelungen an den Geraden g und h die Gerade k auf h und die Gerade g auf l abgebildet. Da die Abbildung eine Kongruenzabbildung mit dem Schnittpunkt von g und h als Fixpunkt ist, muß sie eine Drehung um D mit einem Drehwinkel sein, der doppelt so groß wie der (gerichtete) Winkel zwischen g und h ist. Zunächst geben wir eine Funktion D :P :D :W an, die den Bildpunkt des Punktes :P bei der Drehung um :D durch den Winkel :W als Funktinswert hat.

```
TO D :P :D :W
 OP S S :P .! :D [1 0] .! :D SE COS :W / 2 SIN :W / 2
END
```

Wie man an den beiden Funktionen S hinter OP erkennt, ist der Funktionswert durch Hintereinanderausführung zweier Geradenspiegelungen berechnet worden. Der Punkt :P hinter dem ersten S gibt an, daß der Punkt :P gespiegelt wird. Die erste Gerade, an der er gespiegelt wird, muß durch :D führen, aber ihre Richtung ist frei wählbar. Wir wählen in der Punkt-Richtungs-Form .! :D [1 0] eine Gerade durch den Drehpunkt :D mit dem Richtungsvektor [1 0], d. i. der einfachste zur Verfügung stehende Richtungsvektor. Damit steht mit S :P .! :D [1 0] der Spiegelpunkt von :P bei der ersten Spiegelung zur Verfügung. Er dient dem ersten S als zu spiegelnder Punkt. Die zweite Spiegelgerade wird wieder mit der Punkt-Richtungsform bestimmt. Wieder ist ein Punkt der zweiten Spiegelgeraden der Drehpunkt :D . Den Richtungsvektor der zweiten Spiegelgeraden erhält man, in dem man den Richtungsvektor der ersten Spiegelgeraden durch den Winkel :W/2 dreht. Da dieser [1 0] ist, ist der gedrehte Vektor SE COS :W/2 SIN :W/2. Damit ergibt sich die Funktion für die Drehung von :P um :D durch :W.

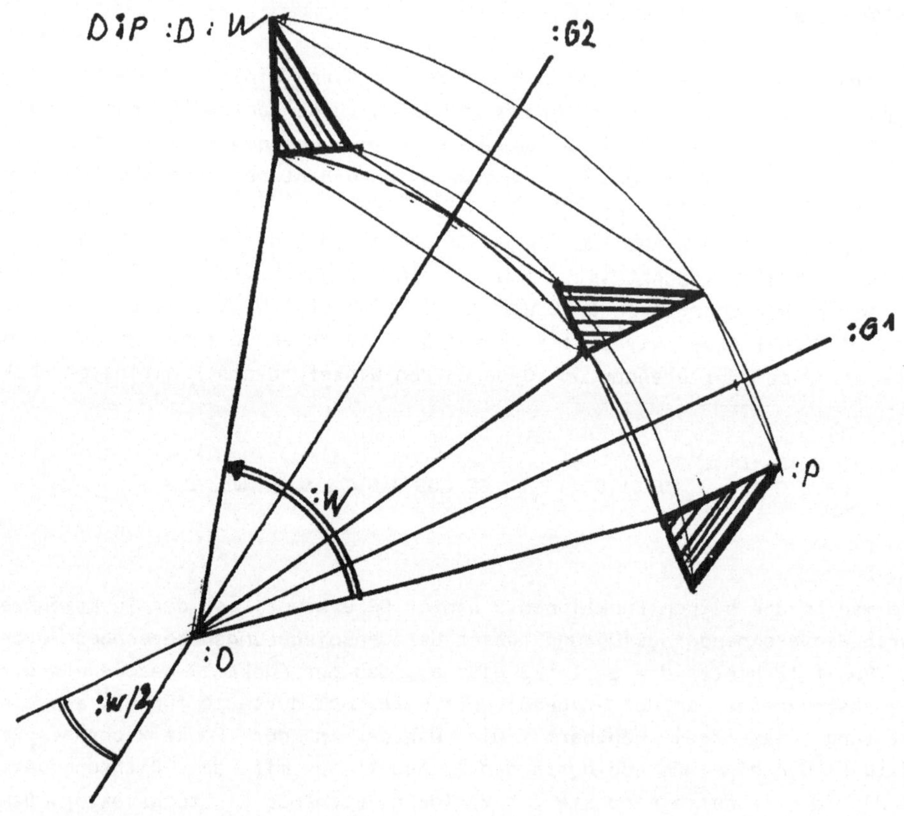

Bild 5.2
D :P :D :W ist der Bildpunkt der Drehung eines Punktes :P bei der Drehung durch den Winkel :W um den Drehpunkt :D. Sie kann als Hintereinanderausführung zweier Spiegelungen an Geraden durch :D aufgefaßt werden, die den Winkel :W/2 einschließen.

Diese Funktion läßt sich benutzen, um eine Figur um :D durch :W zu drehen:

```
TO D.F :FIGUR :D :W
 IF :FIGUR = [] OP []
 OP FPUT D FIRST :FIGUR :D :W D.F BF :FIGUR
END
```

Ebenso kann man eine Gerade :G um :D durch :W drehen:

```
TO D.G :H :D :W
 IF ( COUNT :H ) = 3 MAKE "H .!N :H
 OP HESSE2 .. D FIRST :H :D :W D ADD FIRST :H LAST :H :D :W
END
```

5.2 Die Entwicklung der Kongruenzabbildungen des Raumes aus Translationen und Ebenenspiegelungen

Kongruenzabbildungen des euklidischen Raums auf sich sind umkehrbar eindeutige Abbildungen der Punkte, Geraden und Ebenen des Raums auf sich, bei denen die Inzidenzen der Punkte, Geraden und Ebenen, die Anordnung der Punkte auf Geraden und der Ebenen durch Geraden sowie die Längen von Strecken und die Größen von Winkeln erhalten bleiben. Bei einer solchen Abbildung werden die Einheitsvektoren eines dreidimensionalen kartesischen Koordinatensystems wieder auf zueinander senkrechte Einheitsvektoren abgebildet. Die Bildvektoren können allerdings ein linksorientiertes Basissystem darstellen, wie die Ebenenspiegelung des Raumes an einer Koordinatenebene zeigt. Ähnlich wie in der ebenen Geometrie kann man die Kongruenzabbildungen des Raumes auf Grundabbildungen zurückführen:

- die Translation oder Verschiebung des Raums um einen Verschiebungsvektor
- die Drehung des Raumes um eine Drehgerade durch einen Drehwinkel
- die Spiegelung des Raums an einer Ebene
- die Inversion des Raumes an einem Punkt

Die Analyse der Kongruenzabbildungen ist Aufgabe der analytischen Abbildungsgeometrie und kann hier nicht geleistet werden. Hier soll nur festgestellt werden, daß alle Kongrunenzabbildungen des Raumes auf die Hintereinanderausführungen von Ebenenspiegelungen zurückgeführt werden können. Wir werden dies für die Drehung auch tun, die Translation und die Inversion allerdings direkt darstellen. Für die Translation ergeben sich nämlich dieselben Funktionen TL :P :V, TL.F :FIGUR :V und TL.G :GERADE :V, wie in der Ebene, die einen Punkt, eine Figur oder eine Gerade um den Vektor :V verschieben und das Bild als Funktionswert haben. Zu ihnen kommt noch die Funktion TL :EBENE :V, mit der eine Ebene (in Parameterform oder Normalengleichung) um den Vektor :V verschoben wird:

```
TO TL.E :EBENE :V
 IF ( COUNT :EBENE ) = 4 MAKE "EBENE .!!N :EBENE
 OP HESSE3 FPUT ADD FIRST :EBENE :V BF :EBENE
END
```

Die Inversion am Koordinatenursprung nennt man auch Punktspiegelung am Koordinatenursprung. Sie ergibt sich aus der Skalarmultiplikation des Ortsvektors jedes Punktes :P mit -1, SMULT (-1) :P, und die Inversion an einem beliebigen Punkt kann auf die Parallelverschiebung des Punktes in den Ursprung, die Ausführung dieser Inversion und auf die anschließende Rückverschiebung des Ursprungs in den Punkt dargestellt werden.

Die Ebenenspiegelung

Vergleicht man die Bilder 5.1 und 5.3 miteinander, so stellt man fest, daß die Funktion für die Spiegelung eines Punktes an einer Geraden nur auf den dreidimensionalen Fall übertragen werden muß. Die Funktionswertberechnung ist sonst identisch.

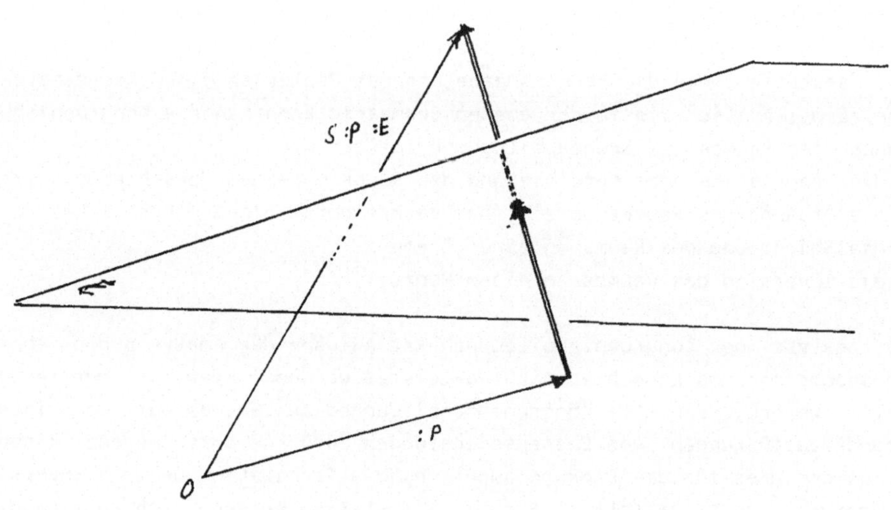

Bild 5.3
S :P :E ist der Spiegelpunkt des Punktes :P an der Ebene :E. Man erhält ihn, indem man zu :P den doppelten Lotvektor des Lots von :P auf :E addiert.

```
TO S :P :E
 IF ( COUNT :E ) = 4 MAKE "E .!!N :E
 LOCAL "D
 MAKE "D ABSTAND :P :E
 LOCAL "V0'
 MAKE "V0' V0 BL N.!! :E
 OP ADD :P SMULT 2 * :D :V0'
END
```

Mit Hilfe dieser Funktion werden nun wieder auf dieselbe Weise die Abbildungen einer Figur, einer Geraden oder einer Ebene durch eine Ebenenspiegelung bestimmt:

```
TO S.F :FIGUR :E
 IF :FIGUR = [] OP []
 OP FPUT S FIRST :FIGUR :E S.F BF :FIGUR :E
END


TO S.G :GERADE :E
 OP .. S FIRST :GERADE :E S ADD FIRST :GERADE LAST :GERADE :E
END


TO S.E :EBENE :E
 IF ( COUNT :EBENE ) = 4 MAKE "EBENE .!!N :EBENE
 OP HESSES3 N.!! ... S FIRST :EBENE :E S ADD FIRST :EBENE FIRST BF :EBENE :E ADD
FIRST :EBENE LAST :EBENE :E
END
```

Die Drehung um eine Gerade durch einen Winkel (Bild 5.4)

Der zu drehende Punkt sei :P, die Gerade :G und der Drehwinkel :WW. Fällt man von :P die Lotebene auf die Gerade :G, so ist der Bildpunkt :P' von :P bei der Drehung um :G der Punkt, den man erhält, wenn man in der Lotebene :P um den Durchstoßungspunkt von :G und der Lotebene durch den Winkel :WW dreht. Insofern kann man den dreidimensionalen Fall auf den zweidimensionalen zurückführen. Dazu muß man aber die Lotebene von :P auf :G ermitteln, d. h. man braucht zwei zum Richtungsvektor :V der Geraden :G senkrechte Einheitsvektoren :W und :U, die mit :V ein Rechtssystem bilden. Eine Normalengleichung einer auf :G senkrechten Ebene ist durch SE :V 0 gegeben. Daß die Ebene durch den Koordinatenursprung und im allgemeinen nicht durch :P führt, stört für die Ermittlung der Einheitsvektoren :U und :V nicht. Diese Normalengleichung wird mit Hilfe der Funktion .!! in die Punkt-Richtungs-Richtungs-Form umgewandelt. Das letzte Element dieser Form ist ein Richtungsvektor der Lotebene, den wir mit Hilfe der Funktion V0 zu einem Einheitsvektor zurechtstutzen und mit "W bezeichnen. Ein zu :V und :W senkrechter Vektor ergibt sich mit Hilfe des KREUZ-Produktes. Ein Einheitsvektor in seiner Richtung sei :U. Nun kann man die beiden Ebenen :E1 und :E2 bestimmen, an denen die Spiegelungen von :P nacheinander ausgeführt werden müssen, damit :P um den Winkel :WW gedreht wird. Ein gemeinsamer Richtungsvektor der beiden Ebenen ist der Richtungsvektor :V der Geraden :G. Als zweiten Richtungsvektor von :E1 kann man :W nehmen, so daß diese Ebene in der Punkt-Richtungs-Richtungs-Form durch FIRST :G, :V und :W bestimmt ist. Wie im vorigen Abschnitt die Spiegelgeraden müssen hier die Ebenen den Winkel :WW/2 miteinander bilden. Dreht man den Vektor :W in der Normalenebene durch den Winkel :WW/2, so erhält man einen zweiten Richtungsvektor :W1 für die Ebene :E2. Er kann analog zur Drehung in der Ebene nach der Rechenvorschrift

:WW = (COS :WW/2) :W + (SIN :WW/2) :U

oder - wie wir es in der Rechenstruktur der räumlichen analytischen Geometrie ausdrücken - durch den Term

```
ADD SMULT ( COS :WW/2 ) :W SMULT ( SIN :WW/2 ) :U
```

berechnet werden. Mit diesem Vektor als zweitem Richtungsvektor ermittelt man :E2 in der .!!-Darstellung. Dann hat man nur noch die Spiegelung an :E2 von der Spiegelung des Punkte :P an :E1 als Funktionswert auszugeben.

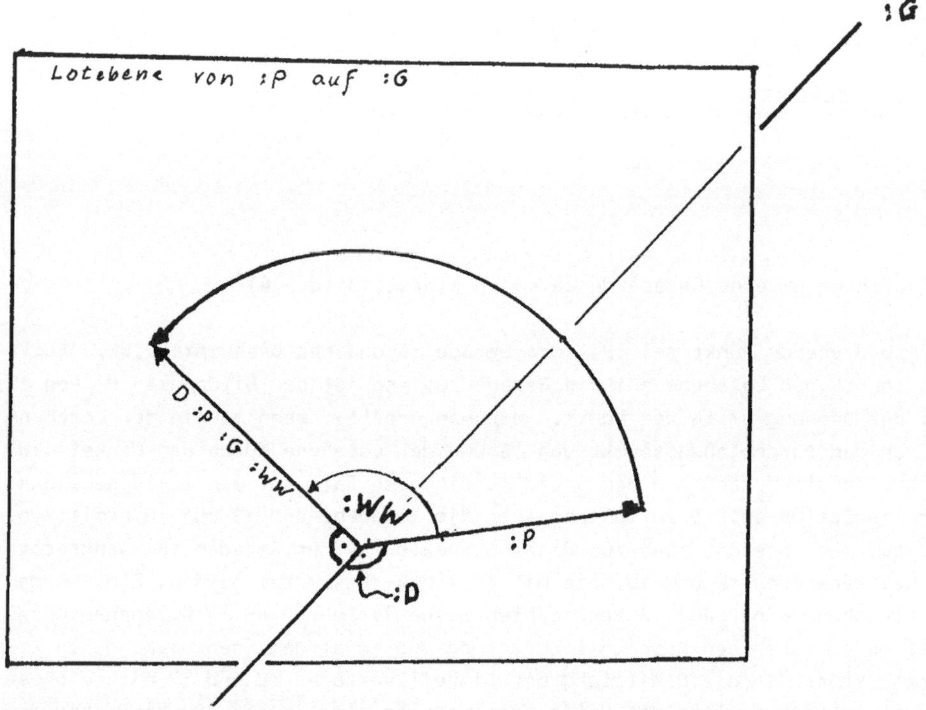

Bild 5.4
Die Drehung des Raumes um eine Gerade durch einen Winkel kann analog zum zweidimensionalen Fall als Hintereinanderausführung der Spiegelung des Raumes an zwei Ebenen aufgefaßt werden, die sich in der Geraden schneiden und den halben Drehwinkel einschließen.

```
TO D :P :G :WW
 LOCAL "V MAKE "V V0 LAST :G
 LOCAL "E MAKE "E SE :V 0
 MAKE "E .!!N :E
 LOCAL "W MAKE "W V0 LAST :E
 LOCAL "U MAKE "U KREUZ :V :W
 LOCAL "W1
 MAKE "W1 ADD SMULT COS :WW / 2 :W SMULT SIN :WW / 2 :U
 LOCAL "E1 MAKE "E1 .!! FIRST :G :V :W
 LOCAL "E2 MAKE "E2 .!! FIRST :G :V :W1
 OP S S :P :E1 :E2
END
```

Diese Funktion kann nun wieder verwendet werden, um Figuren, Geraden und Ebenen um eine Gerade durch einen Winkel zu drehen. Man erhält dafür die folgenden Funktionen:

```
TO D.F :FIGUR :G :W
 IF :FIGUR = [] OP []
 OP FPUT D FIRST :FIGUR :G :W D.F BF :FIGUR :G :W
END
```

```
TO D.G :GERADE :G :W
 OP .. D FIRST :GERADE :G :W ADD FIRST :GERADE LAST :GERADE :G :W
END
```

```
TO D.E :EBENE :G :W
 IF ( COUNT :EBENE ) = 4 MAKE "EBENE .!!N :EBENE
 OP HESSE3 ... FIRST :EBENE ADD FIRST :EBENE FIRST BF :EBENE ADD FIRST :EBENE LA
ST :EBENE
END
```

6 Komplexe Zahlen

6.1 Die Rechenstruktur der komplexen Zahlen

In diesem Kapitel wird zunächst die Rechenstruktur der komplexen Zahlen in Logo entwickelt. Eine komplexe Zahl wird gewöhnlich in der Form z = a + bi dargestellt. Darin nennt man a den Real- und b den Imaginärteil von z; beide sind reelle Zahlen. In der Programmiersprache Logo fassen wir Real- und Imaginärteil mit Hilfe der Logo-Funktion SENTENCE (kurz: SE) zu einer Liste [a b] zusammen. Wir sagen auch: SE ist die Erzeugungsfunktion der komplexen Zahl aus ihrem Real- und Imaginärteil. Umgekehrt wird die Zugriffsfunktionen auf Real- und Imaginärteil einer komplexen Zahl eingeführt (Bild 6.1):

```
TO RE :Z                     TO IM :Z
 OP FIRST :Z                  OP LAST :Z
END                          END
```

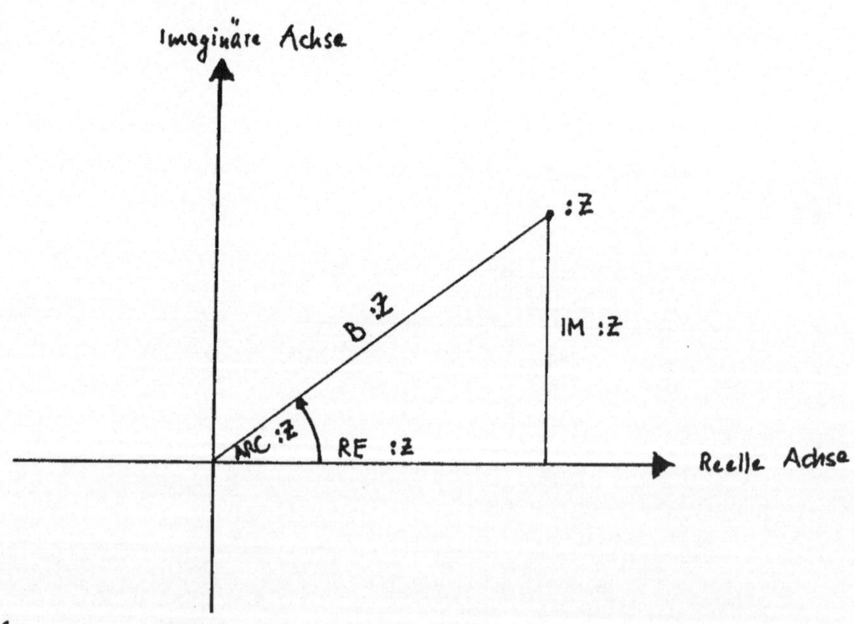

Bild 6.1
Die Darstellung einer komplexen Zahl in der Gaußschen Zahlenebene als Vektor und in der Polarform durch Betrag und Winkel

Realteil und Imaginärteil einer komplexen Zahl :Z werden oft als die Komponenten eines Vektors :Z aufgefaßt, so daß die Zahlen :Z sich als Ortsvektoren zu Punkten einer Ebene darstellen lassen, die nach ihrem Erfinder Gaußsche Zahlenebene heißt. Daher spricht man statt von reellen Zahlen :Z kurz von den Punkten :Z der Gaußschen Zahlenebene und kann die Zahlen und die Operationen mit ihnen geometrisch deuten. Man erkennt, daß man im ersten Ansatz die Rechenstruktur der zweidimensionalen Vektorrechnung vorliegen hat und kann viele Funktionen von dorther übernehmen.

Aber es gibt wesentliche Unterschiede zu einer zweidimensionalen Vektorrechnung. Man möchte die komplexen Zahlen als Erweiterung der reellen Zahlen auffassen können, so daß die Rechengesetze der reellen Zahlen für die komplexen Zahlen gelten, deren Imginärteil 0 ist, also für die komplexen Zahlen der Form [a 0] (a reell). Dementsprechend müssen zum Beispiel die vier Grundoperationen der Addition, Subtraktion, Multiplikation und Division von reellen Zahlen auf komplexe "erweitert" werden. Ein weiterer Unterschied besteht darin, daß man zu den Punkten der Gaußschen Zahlenebene den unendlich fernen Punkt § hinzunimmt, um Fallunterscheidungen einzusparen. Wie das Rechnen mit ihm erklärt wird, zeigen die Programme für die Grundrechenarten.

1. Die Addition ist eine Vektoraddition. Die Summe aus einer endlichen komplexen Zahl und dem unendlich fernen Punkt ist der unendlich ferne Punkt @; die Summe aus dem unendlich fernen Punkt und dem unendlich fernen Punkt bleibt undefiniert.

```
TO ADD :Z1 :Z2
 IF ANYOF ( :Z1 = "@ ) ( :Z2 = "@ ) OP "@
 OP SE ( RE :Z1 ) + ( RE :Z2 ) ( IM :Z1 ) + ( IM :Z2 )
END
```

2. Die Multiplikation einer reellen Zahl mit einer komplexen Zahl erfolgt im Endlichen wie die Skalarmultiplikation einer reellen Zahl mit einem Vektor; wenn die komplexe Zahl der unendlich ferne Punkt @ und die reelle Zahl nicht 0 ist, ist auch das Produkt der unendlich ferne Punkt @.

```
TO SMULT :ZAHL :Z
 OP SE :ZAHL * ( RE :Z ) :ZAHL * ( IM :Z )
END
```

3. Die Negation einer komplexen Zahl erfolgt für endliche komplexe Zahlen wie bei Vektoren, sonst ergibt sich der unendlich ferne Punkt @.

```
TO NEG :Z
 IF :Z = "@ OP "@
 OP SMULT ( - 1 ) :Z
END
```

4. Die Subtraktion komplexer Zahlen :Z1 und :Z2 erfolgt mit Ausnahme der unendlich fernen Punkte wie bei Vektoren; sie wird auf die Addition einer negierten komplexen Zahl zurückgeführt. Es ist zu beachten, daß für :Z1 und :Z2 nicht zugleich der unendlich ferne Punkt @ eingesetzt werden darf.

```
TO SUB :Z1 :Z2
 OP ADD :Z1 NEG :Z2
END
```

5. Für die Multiplikation soll gelten: i * i = -1 . Hier ist das Multiplikationszeichen '*' naiverweise auch für die komplexe Zahl i verwendet worden. Wir können die Doppeldeutigkeit des Multiplikationszeichens ebensowenig zulassen wie die Bezeichnung einer komplexen Zahl mit i. Für die Multiplikation zweier komplexer Zahlen :Z1 und :Z2 verwenden wir eine Multiplikationsfunktion MULT :Z1 :Z2 und die komplexe Zahl i hat die Logo-Bezeichnung [0 1] . Die Gleichung i * i = -1 wird in Logo folgendermaßen geschrieben:
MULT [0 1][0 1] = [-1 0]

- Für das Ausmultiplizieren zweier komplexer Zahlen gelten die Rechengesetze für reelle Zahlen:
(a + bi) * (c + di) = ac-bd + (ad+bc)i
- Das Produkt aus einer von [0 0] verschiedenen komplexen Zahl und dem unendlich fernen Punkt ist der unendlich ferne Punkt @; das Produkt aus dem unendlich fernen Punkt mit [0 0] wird nicht erklärt.

Damit ergibt sich für die Multiplikation zweier komplexer Zahlen das folgende Programm:

```
TO MULT :Z1 :Z2
 IF ANYOF ( :Z1 = "@ ) ( :Z2 = "@ ) OP "@
 OP SE ( RE :Z1 ) * ( RE :Z2 ) - ( IM :Z1 ) * ( IM :Z2 ) ( RE :Z1 ) * ( IM :Z2 )
 + ( RE :Z2 ) * ( IM :Z1 )
END
```

6. Die konjugiert komplexe Zahl

Zu einer komplexen Zahl a+bi ist a-bi die konjugiert komplexe Zahl. Die Funktion K :Z erzeugt sie:

```
TO K :Z
 IF :Z = "@ OP "@
 OP SE ( RE :Z ) ( - IM :Z )
END
```

Multipliziert man eine komplexe Zahl :Z mit ihrer konjugiert komplexen, so erhält man als Realteil das Quadrat der Länge des Ortsvektors zu :Z und als Imaginärteil 0. Ausführlich geschrieben: MULT :Z K :Z = [a*a+b*b 0] . Daher ergibt sich für den Betrag:

```
TO B :Z
 OP SQRT RE ( MULT :Z K :Z )
END
```

7. Der Kehrwert einer komplexen Zahl

Der Kehrwert :Z' einer komplexen Zahl :Z ergibt sich in der normalen Schreibweise aus der Gleichung :Z * :Z' = 1 und in der Logo-Schreibweise MULT :Z :Z' = [1 0]. Nun gilt nach Punkt 6:

:Z = [A B]: MULT :Z K :Z = [a*a + b*b 0].

Multiplziert man diese Gleichung mit dem Kehrwert ihres Realteils, so erhält man die komplexe Zahl [1 0]. Ist die komplexe Zahl aber der unendlich ferne Punkt §, so ist der Kehrwert [0 0] und ist sie [0 0], so ist er der unendlich ferne Punkt §. Das ergibt die Funktion

```
TO KEHRWERT :Z
 IF :Z = "@ OP [0 0]
 IF :Z = [0 0] OP "@
 OP SMULT 1 / ( B :Z ) / ( B :Z ) K :Z
END
```

8. Die Division durch eine komplexe Zahl

Man dividiert durch eine komplexe Zahl, indem man mit ihrem Kehrwert multipliziert. Die Division ist nicht erklärt, wenn beide komplexen Zahlen der Ursprung oder der unendlich ferne Punkt sind.

```
TO DIV :Z1 :Z2
 OP MULT :Z1 KEHRWERT :Z2
END
```

Damit sind die vier Grundrechenarten für komplexe Zahlen als Logo-Funktionen geschrieben.

6.2 Die Gaußsche Zahlenebene und Polarkoordinaten

Eine komplexe Zahl :Z kann in der Gaußschen Zahlenebene als ein Ortsvektor zum Punkt :Z mit den Komponenten X :Z und Y :Z aufgefaßt werden. Die x-Achse heißt auch die reelle und die y-Achse die imaginäre Achse der Gaußschen Zahlenebene (Bild 6.1). Die Zahl :Z hat den Abstand B :Z vom Koordinatenursprung 0 und den Winkel ARC :Z gegenüber der positiven reellen Achse. Der Funtionswert ARC :Z läßt sich mit Hilfe der ARCTAN-Funktion berechnen. In Commodore-Logo ergibt sich z. B.:

```
TO ARC :Z
 LOCAL "X MAKE "X RE :Z
 LOCAL "Y MAKE "Y IM :Z
  IF ALLOF ( :X > 0 ) ( :Y > 0 ) OP ATAN :Y :X
  IF ALLOF ( :X < 0 ) ( :Y > 0 ) OP 180 - ATAN - :X :Y
  IF ALLOF ( :X < 0 ) ( :Y < 0 ) OP 180 + ATAN - :X ( - :Y )
  IF ALLOF ( :X > 0 ) ( :Y < 0 ) OP 360 - ATAN :X ( - :Y )
  IF ALLOF ( :X = 0 ) ( :Y > 0 ) OP 90
  IF ALLOF ( :X = 0 ) ( :Y < 0 ) OP 270
  IF ALLOF ( :X < 0 ) ( :Y = 0 ) OP 180
 OP 0
END
```

Damit hat man zwei verschiedene Darstellungen von komplexen Zahlen:

- Die Gaußsche Darstellung als Vektor aus Real- und Imaginärteil RE :Z und IM :Z
- Die Darstellung in Polarkoordinaten durch Betrag B :Z und Winkel ARC :Z. Wir fassen diese beiden Zahlen auch wieder zu einem Zweizahlensatz zusammen und müssen dann berücksichtigen, in welcher Form die komplexe Zahl vorliegt.

Es ist zweckmäßig, Umwandlungsfunktionen zu haben, die die eine Darstellung in die andere überführt:

```
TO G :Z
 OP SE ( FIRST :Z ) * COS ( LAST :Z ) ( FIRST :Z ) * SIN ( LAST :Z )
END
```

Die Funktion G :Z hat den Polarkoordinatensatz :Z als Eingabe und die Gauß-Darstellung, d. i. den Satz aus Realteil und Imaginärteil als Ausgabe. Die Funktion E :Z leistet das Umgekehrte. Sie führt eine Gaußdarstellung in eine Polarkoordinatendarstellung über.

```
TO E :Z
 OP SE B :Z ARC :Z
END
```

6.3 Abbildungen in der Gauschen Zahlenebene

Translation in der Gauß-Ebene

Die Addition komplexer Zahlen ist eine Vektoraddition. Infolgedessen kann man Figuren parallel verschieben wie in Kapitel 1.3 mit dem Programm TO TL :FIG :VEKTOR gezeigt wurde.

Die Spiegelung an der reellen Achse

Die Funktion K :Z berechnet den Spiegelpunkt des an der reellen Achse gespiegelten Punktes. Nach dem schon mehrfach angewandten Verfahren kann man mit der folgenden Funktion eine an der reellen Achse gespiegelte Figur erhalten:

```
TO K.F :FIG
 IF :FIG = [] OP []
 OP FPUT K FIRST :FIG K.F BF :FIG
END
```

Drehstreckung in der Gauß-Ebene

Es zeigt sich, daß das Produkt MULT :Z1 :Z2 eine komplexe Zahl ist, die das Produkt der Beträge von :Z1 und :Z2 als Betrag und die Summe der Winkel von :Z1 und :Z2 als Winkel hat:

```
B MULT :Z1 :Z2   =   ( B :Z1 ) * ( B :Z2 )
ARC MULT :Z1 :Z2   =   ( ARC :Z1 ) + ( ARC :Z2 )
```

Multipliziert man also alle Punkte einer Figur mit einer festen komplexen Zahl :A , so erhält man eine Drehstreckung der Figur als Bildfigur mit dem Koordinatenursprung 0 als Zentrum. Der Streckungsfaktor ist B :A und der Drehwinkel ARC :A. Darin sind die Sonderfälle der reinen Drehung um 0 und der reinen Streckung von 0 aus enthalten:

```
ARC :A  = 0 :   reine Streckung
B :A    = 1 :   reine Drehung
```

Die Drehstreckung mit dem Zentrum 0 kann für einen Punkt :Z mit der folgenden Funktion ausgerechnet werden, wenn der Streckungsfaktor :R und der Winkel :W ist:

```
TO DS.Z :Z :R :W
.OP MULT :Z G SE :R :W
END
```

Darin sind die beiden Sonderfälle :R = 1 und :W = 0 für die reine Drehung um 0 und die reine Streckung von 0 aus enthalten:

Die Erweiterung auf die Drehstreckung einer Figur erfolgt wie üblich:

```
TO DS.F :FIG :R :W
 IF :FIG = [] OP []
 OP FPUT DS.Z FIRST :FIG :R :W DS.F BF :FIG :R :W
END
```

Mit den besprochenen Abbildungen Translation, Spiegelung an einer Geraden (reelle Achse), Drehung um einen Punkt (0) durch einen beliebigen Winkel, Streckung mit einen beliebigen Streckungsfaktor von 0 aus und ihren Zusammensetzugen kann man alle Kongruenz- und Ähnlichkeitsabbildungen der Gaußschen Zahlenebene auf sich erzeugen. So ist eine Drehung um einen beliebigen Punkt durch einen Winkel die Zusammensetzung der folgenden Abbildungen:
- Translation des Punktes in den Ursprung 0
- Drehung um 0 durch den Winkel
- Rücktranslation in den eigentlich vorgesehenen Drehpunkt

```
TO D.P :FIG :P :W
 OP TL ( DS.F ( TL :FIG NEG :P ) :W :P
END
```

6.4 Die lineare Abbildung

Die allgemeine Form der Abbildungsgleichung der linearen Abbildung ist

```
w = (a*z + b) / (c*z + d)
```

Man nennt sie auch die gebrochen lineare Funktion einer komplexen Variablen z. Im Term der Rechenvorschrift sind a,b,c und d Variable für feste komplexe Zahlen (sog. Formvariable), d. h. Variable für feste Punkte der Gaußschen Zahlenebene, von denen c und d nicht zugleich [0 0] sein dürfen. Jedem Punkt z der Gaußschen Ebene wird umkehrbar eindeutig ein Bildpunkt w zugewiesen. Die Rechenzeichen +, -, * und / werden hier als Operationszeichen der Grundrechenarten sowohl für reelle als auch für komplexe Zahlen aufgefaßt. Die vier komplexen Zahlen a, b, c und d bestimmen bis auf einen konstanten komplexen Faktor die Abbildung umkehrbar eindeutig: Ist c = [0 0], kann man den Bruch auf der rechten Seite des Gleichheitszeichens durch d kürzen, und man erhält (nach Umbenennung der Formvariablen) eine komplexe ganze lineare Funktion mit der Gleichung

```
w = a*z + b
```

In unserer Schreibweise würde sie folgendermaßen geschrieben:

```
:W = ADD MULT :A :Z :B
```

Sie stellt eine Drehstreckung mit dem Zentrum [0 0], dem Streckungsfaktor B :A und dem Drehwinkel ARC :A dar.

Für den weitern Verlauf gehen wir davon aus, daß c nicht [0 0] ist. Ein Sonderfall der gebrochen linearen Funktion ergibt sich für :A = :D = [0 0] und :B = :C = [1 0].

```
:W = KEHRWERT :Z
```

Wegen MULT :W :Z = [1 0] ergibt sich:
- :W hat den Betrag B :W = 1 / B :Z
- ARC :W + ARC :Z = 0 oder ARC :W = - ARC :Z

Die Abbildung ordnet jedem Punkt :Z der Gaußschen Zahlenebene als Betrag den Kehrwert seines Betrags und als Winkel seinen entgegengesetzten Winkel zu. Die Punkte des Einheitskreises werden dabei lediglich an der reellen Achse gespiegelt, der Koordinatenursprung und der unendlich ferne Punkt tauschen ihre Plätze und das Innere des Einheitskreises wird gegen das Äußere ausgetauscht.

Die oben angegebene Abbildungsgleichung der gebrochen linaren Funktion wird in unserer Schreibweise folgendermaßen geschrieben:

```
:W  =  DIV ADD MULT :A :Z :B ADD MULT :C :Z :D
```

Die Funktionswertberechnung liefert daher die folgende Funktion:

```
TO W :A :B :C :D :Z
 OP DIV ADD MULT :A :Z :B ADD MULT :C :Z :D
END
```

Genau drei der vier Punkte :A, :B, :C oder :D bestimmen die lineare Abbildung umkehrbar eindeutig: Der Fall :C = [0 0] ist schon behandelt worden, so daß man voraussetzen kann, daß :C von [0 0] verschieden ist. Somit kann man den Bruch durch :C kürzen, und die Abbildung ist nur noch von drei Formvariablen abhängig. Man kann die Abbildung daher auch dadurch festlegen, daß man drei Punkte :ZA, :ZB, :ZC der :Z-Ebene und ihre Bildpunkte :WA, :WB, :WC in der :W-Ebene festlegt. Die Abbildungsgleichung ist durch die Gleichheit der beiden folgenden Doppelverhältnisse bestimmt:

```
:W - :WA      :WB - :WA      :Z - :ZA      :ZB - :ZA
--------  /  ---------  =  --------  /  ---------
:W - :WC      :WB - :WC      :Z - :ZC      :ZB - :ZC
```

Diese Gleichung kann man in die Form

```
w  =  (a*z + b) / ( b*z + d )
```

bringen und a, b, c und d bestimmen. Dabei vereinfacht sich die Rechnung, wenn man zunächst die rechts vom Divisionszeichen "/" stehenden Terme berechnet. Das folgende Programm liefert die Umrechnung für nicht ausgeartete Fälle:

```
TO Z3W3
 CLEARTEXT
 PR [GIB DIE 3 PUNKTE DER Z-EBENE EIN!] PR []
 LOCAL "Z1 LOCAL "Z2 LOCAL "Z3
 PRINT1 [Z1 =] MAKE "Z1 RQ
 PRINT1 [Z2 =] MAKE "Z2 RQ
 PRINT1 [Z3 =] MAKE "Z3 RQ
 PRINT []
 PR [GIB DIE 3 PUNKTE DER W-EBENE EIN!]
 PR []
 LOCAL "W1 LOCAL "W2 LOCAL "W3
 PRINT1 [W1 =] MAKE "W1 RQ
 PRINT1 [W2 =] MAKE "W2 RQ
 PRINT1 [W3 =] MAKE "W3 RQ
 PRINT []
 LOCAL "A LOCAL "B LOCAL "C LOCAL "C
 FIXP.GL :Z1 :Z2 :Z3 :W1 :W2 :W3
 TEST :C = [0 0]
 IFF MAKE "A DIV :A :C
 IFF MAKE "B DIV :B :C
 IFF MAKE "D DIV :D :C
 IFF MAKE "C [1 0]
 IFT MAKE "B DIV :B :A
 IFT MAKE "D DIV :D :A
 IFT MAKE "A [1 0]
 PRINT [ABBILDUNGSGLEICHUNG:]
 PRINT []
 ( PR [W =] "( :A [*Z+] :B ")/( :C [*Z+] :D ") )
 PR []
 PR [OERTETABELLE:] PR []
 WERTETABELLE :A :B :C :D
END
```

Die drei :Z- und :W-Werte bestimmen die gebrochen lineare Funktion umkehrbar eindeutig. Dabei muß auch auf die Reihenfolge der Werte geachtet werden. Setzt man :W1 = :Z1, :W2 = :Z2 und :W3 = :Z3, so sind diese drei Punkte Fixpunkte der Abbildung: Sie werden auf sich abgebildet. Nun gibt es die gebrochen lineare Funktion :W = :Z, die jeden Punkt auf sich abbildet, u. a. auch die angegebenen drei. Es kann keine weitere lineare Abbildung geben, die die drei Punkte festhält. Man nennt diese Abbildung die Identität. Eine lineare Abbildung, die nicht die Identität ist, kann also höchstens zwei Fixpunkte haben. Man berechnet sie, indem man in der gebrochen linearen Abbildungsgleichung :W = :Z setzt und die entstehende Gleichung löst. Die Lösung steht in dem folgenden Logoprogramm:

```
TO FIXPUNKT
 CLEARTEXT
 PR [ABBILDUNGSGLEICHUNG:] PR []
 PR [W = (A * Z + B) / (C * Z + D)]
 PR []
 LOCAL "A LOCAL "B LOCAL "C LOCAL "D
 PR [EINGABE DER KOMPLEXEN ZAHLEN A,B,C,D]
 PR [OHNE ECKIGE KLAMMERN:]
 PR []
 PRINT1 [A =] MAKE "A RQ
 PRINT1 [B =] MAKE "B RQ
 PRINT1 [C =] MAKE "C RQ
 PRINT1 [D =] MAKE "D RQ
 PR []
 PR [ABBILDUNGSGLEICHUNG:]
 ( PR "( :A [* Z +] :B [) / (] :C [* Z +] :D ") )
 PR []
 TEST ( MULT :A :D ) = ( MULT :B :C )
 IFT PR SE [UNEIGENTLICHE ABBILDUNG AUF] DIV :B :D STOP
 TEST :C = [0 0]
 IFT PR SE [FIXPUNKTE:] DIV :B SUB :D :A
 LOCAL "P LOCAL "Q
 MAKE "P DIV ( SUB :A :D ) ( SK.P 2 :C )
 MAKE "Q DIV :B :C
 LOCAL "RADIKAND
 MAKE "RADIKAND ADD ( MULT :P :P ) :Q
 LOCAL "RR LOCAL "WW
 MAKE "RR SQRT B :RADIKAND
 MAKE "WW ( ARC :RADIKAND ) / 2
 PRINT1 [FIXPUNKT:] FPRINT ADD :P G SE :RR :WW
 PRINT1 [FIXPUNKT:] FPRINT SUB :P G SE :RR :WW
END
```

In dem Programm Z3W3 berechnet die Prozedur FIXP.GL :Z1 :Z2 :Z3 :W1 :W2 :W3 die komplexen Zahlen :A, :B , :C und :D für die gebrochen lineare Darstellung, wie sie für die Anwendung der Funktion W benötigt werden.

```
TO FIXP.GL :ZA :ZB :ZC :WA :WB :WC
 LOCAL "ZBC MAKE "ZBC SUB :ZB :ZC
 LOCAL "ZBA MAKE "ZBA SUB :ZB :ZA
 LOCAL "WBC MAKE "WBC SUB :WB :WC
 LOCAL "WBA MAKE "WBA SUB :WB :WA
 MAKE "A SUB MULT :WA MULT :ZBA :WBC MULT :WC MULT :ZBC :WBA
 MAKE "B SUB MULT :ZA MULT :WC MULT :ZBC :WBA MULT :WA MULT :ZC MULT :ZBA :WBC
 MAKE "C SUB MULT :ZBA :WBC MULT :ZBC :WBA
 MAKE "D SUB MULT :ZA MULT :ZBC :WBA MULT :ZC MULT :ZBA :WBC
END
```

Im Programm WERTETABELLE :A :B :C :D werden für besonders ausgewählte komplexe Zahlen die Werte der gebrochen linearen Funktion berechnet.

```
TO WERTETABELLE :A :B :C :D
 PRINT LIST [0 0] W :A :B :C :D [0 0]
 PRINT LIST [1 0] W :A :B :C :D [1 0]
 PRINT LIST [0 1] W :A :B :C :D [0 1]
 PRINT LIST [-1 0] W :A :B :C :D [-1 0]
 PRINT LIST [0 -1] W :A :B :C :D [0 -1]
 PRINT LIST [1 1] W :A :B :C :D [1 1]
 PRINT LIST [-1 1] W :A :B :C :D [-1 1]
 PRINT LIST [-1 -1] W :A :B :C :D [-1 -1]
 PRINT LIST [1 -1] W :A :B :C :D [1 -1]
END
```

Diese Programme kann man verwenden, um sich über die lineare Abbildung Klarheit zu verschaffen. Es gibt eine Reihe von Eigenschaften der gebrochen linearen Abbildung, die zeigen, wo die Bilder von Punkten der :Z-Ebene in der :W-Ebene liegen.

1. Fixpunkte bleiben liegen.
2. Kreisverwandtschaft: Die Menge der Geraden und Kreise wird wieder als Ganzes auf sich abgebildet.
3. Winkeltreue: Der Winkel zwischen Geraden oder Kreisen ist gleich dem Winkel zwischen ihren Bildern.
4. Gebietstreue: Ein im Innern einer geschlossenen Kurve liegendes Gebiet wird auf das Innere oder Äußere der Bildkurve abgebildet.

Berücksichtigt man, daß Kreise durch drei und Geraden durch zwei Punkte bestimmt sind, so kann man die oben genannten geometrischen Zusammenhänge ausnutzen, um Bilder von Geraden und Kreisen aus der :Z-Ebene in der :W-Ebene zu ermitteln.

7 Die mathematische Bedeutung der Ergebnisse

Im Abschnitt 3.2 haben wir im ersten Anwendungsbeispiel für die Vektorrechnung berechnet, daß der Ortsvektor :S zum Schnittpunkt zweier Seitenhalbierenden eines Dreiecks OAB ungefähr 2/3 des vom Eckpunkt O des Dreiecks ausgehenden seitenhalbierenden Vektors OD ist. Steht ein Bruchrechnungsprogramm zur Verfügung, kann man exakt ermitteln, daß :S = SMULT 2/3 :OD ist. Diese Gleichung ist für jedes Dreieck gültig, weil das Basissystem an das Dreieck angepaßt werden kann: Ein Eckpunkt kann als Ursprung O des Koordinatensystems und die beiden von ihm ausgehenden Seiten können zu Basisvektoren gewählt werden. Es folgt daraus deshalb, daß dieser Satz für jede Seitenhalbierende in jedem Dreieck gilt. Die Berechnung kann man als einen mathematischen Beweis ansehen. Er ist gültig, weil das Axiomensystem des linearen Vektorraums und die eingebrachten Ableitungsregeln so mächtig sind, daß nur noch Rechnungen erforderlich sind, um den Beweis zu führen. Es fragt sich, wann derartige Beweise ausgeführt werden können.

Die Aufgabe 1 zur Berechnung der Eulerschen Geraden eines gegebenen Dreiecks enthält einen scheinbar ähnlichen Satz: Die Mittelsenkrechten eines jeden Dreiecks schneiden sich in einem Punkt; er ist von den Eckpunkten des Dreiecks gleich weit entfernt und daher Mittelpunkt des Umkreises des Dreiecks. Der Beweis ist einfach: Die Mittelsenkrechte einer Strecke ist der Ort für alle Punkte, die von den Endpunkten der Strecke gleich weit entfernt sind. Der Schnittpunkt von zwei Mittelsenkrechten jedes Dreiecks muß also von seinen drei Eckpunkten gleich weit entfernt sein. Dieser Satz ist mit den angegebenen Mitteln der analytischen Geometrie nicht im Logo-System beweisbar. Das hat mehrere Gründe:

Der Terminus "jedes Dreieck" ist in der Vektorrechnung erfaßbar, weil das Basissystem entsprechend eingerichtet werden kann: Die Basisvektoren brauchen nur linear unabhängig zu sein und können dem Problem angepaßt werden. Jedes Dreieck hat daher ein Basissystem, in dem die Eckpunkte [0 0], [1 0] und [0 1] sind. Für den Satz über den Umkreismittelpunkt kann diese Allgemeingültigkeit nicht erreicht werden. Denn das Basissystem der analytischen Geometrie muß für diesen Zweck kartesisch sein, d.h. die Basisvektoren müssen Einheitsvektoren sein, die aufeinander senkrecht stehen. Infolgedessen können sie nicht an jedes Dreieck angepaßt werden, sondern die Berechnungen können nur für endlich viele ausgewählte Dreiecke durchgeführt werden. Für diese gibt es eine wesentliche Einschränkung: Die Komponenten der Eckpunkte müssen darstellbare Zahlen im verwendeten System sein. So sind z. B. irrationale Zahlen in keiner algorithmischen Sprache darstellbar. Eine Logo-Rechnung ist daher nur für jedes darstellbare Dreieck ausführbar.

Die Berechnung des Schnittpunkts zweier Seitenhalbierenden führt nicht aus der Menge der rationalen Zahlen heraus: Die Koordinaten des Schnittpunkts der Seitenhalbierenden werden durch die Lösung eines Gleichungssystems von zwei Gleichungen mit zwei Variablen berechnet. Die für die Variablen berechneten Werte sind rational, wenn die eingegebenen Werte für die Eckpunkte des Dreiecks rational sind. Interessant ist aber die Feststellung, daß ein Bruchrechnungsrechner erforderlich ist, um das Ergebnis exakt angeben zu können. Die normale Darstellung von Zahlen im Logo-System ist für den Nachweis des geometrischen Satzes schon zu beschränkt. Allgemeiner kann man sagen: Durch die beschränkte Datendarstellung sind der Rechnung enge Grenzen gesetzt.

Dies wirkt sich für den Satz über die Berechnung des Umkreismittelpunktes eines Dreiecks einschneidender aus. Akzeptiert man zunächst den Satz, daß der Umkreismittelpunkt der Schnittpunkt von Mittelsenkrechten auf zwei Dreiecksseiten ist, muß man die Mittelsenkrechten "aufstellen" und zum Schnitt bringen. Haben die Eckpunkte des gegebenen Dreiecks rationale Komponenten, so auch die Mittelpunkte der Seiten, die Richtungsvektoren der Seiten und die Richtungsvektoren der zu ihnen senkrechten Geraden. Infolgedessen hat der Schnittpunkt der Mittelsenkrechten gleichfalls rationale Koordinaten, und man kann auch auf rationale Weise zeigen, daß er von den Eckpunkten einen gleichen Abstand hat, wenn man das Quadrat des Abstands berechnet. Soweit liegt der Fall analog zum oben erörterten Seitenhalbierendensatz. Aber einen Beweis hat man hier nicht geführt, sondern nur gezeigt, daß der Satz über den Mittelpunkt des Umkreises des Dreiecks nur in endlich vielen durchgerechneten Fällen richtig ist. Das mathematisch äquivalente Problem, den Mittelpunkt des Inkreises zu bestimmen, ist mit den Mitteln einer Programmiersprache noch schwerer darzustellen: Er ist der Schnittpunkt der Winkelhalbierenden eines Dreiecks. Die Winkelhalbierenden werden aber wie in Aufgabe 2 aus Abschnitt 4.2 mit Hilfe von Einheitsvektoren berechnet. Ihre Komponenten sind im allgemeinen nicht rational, auch wenn die Vektoren rationale Komponenten haben. Das erkennt man schon am Einheitsvektor VO [1 1] des Vektors [1 1], für dessen Komponenten das System nur Näherungswerte darstellen kann (nämlich vom Kehrwert der Quadratwurzel aus 2). Die Koordinaten des Mittelpunkts des Inkreises sind daher auch für Dreiecke mit Eckpunkten, deren Koordinaten rational sind, nicht exakt darstellbar.

Darüber hinaus gilt diese Betrachtung nur für das bestimmte Dreieck mit den eingegebenen Eckpunkten, deren Komponenten entweder rational sind oder vom System rational gemacht worden sind, weil es sie nicht anders darstellen kann. Der in den Ausdrücken "jedes Dreieck" oder "alle Punkte" enthaltene Allquantor hat seine Bedeutung für den interpretierenden Menschen, aber er ist nicht in einer algorithmischen Sprache ausdrückbar, wenn er unendlich viele Daten verarbeiten soll. Ebensowenig ist der Existenzquantor formulierbar, den wir stillschweigend unterstellen, wenn wir von "dem" Schnittpunkt zweier nicht paralleler Geraden sprechen.

Diese Überlegungen machen deutlich, daß man vor der Anwendung der Programme der Rechenstrukturen Rechenschaft über die Zulässigkeit der Rechnungen abgeben muß. Im Falle der Sätze über den Um- und Inkreismittelpunkt hat man z. B. ihre eindeutige Existenz nachzuweisen, ehe man Funktion en für ihre Berechnungen schreibt. Von der Durchführung der Rechnung ist man entlastet, weil der Rechner sie ausführt. Man kann aber noch einen weiteren Schritt von der Programmiersprache weg auf eine algorithmische Darstellung des Rechenweges hin tun, denn es ist gleichgültig, ob die Rechnung mit einem Logo-Programm oder von einem in einer anderen Programmiersprache verfaßten Programm ausgeführt wird. Die Beschränkung liegt darin, daß man eine algorithmische Sprache verwenden muß. Dies soll an einem weiteren Beispiel erläutert werden.

Es sei die Aufgabe gestellt, den Satz über den Umkreismittelpunkt eines Dreiecks aus der ebenen Geometrie auf den Raum zu übertragen. Man kann behaupten, daß zu jedem Vierflach genau eine Umkugel existiert. Die Aufgabe besteht darin, den Mittelpunkt der Umkugel zu berechnen, wenn die vier Eckpunkte des Vierflachs gegeben sind.

Unterstellt man die Behauptung als gültig, kann man sich Lösungswege ausdenken, die zur Berechnung des Umkugelmittelpunkts führen. So kann man vom ebenen Fall ausgehen und für alle vier Seitendreiecke des Vierflachs die Mittelpunkte der Umkreise berechnen. Errichtet man in ihnen senkrecht auf der Dreiecksfläche, in der sie liegen die vier Geraden, so müssen sich diese in einem Punkt schneiden. Denn jede Senkrechte enthält genau die Punkte, die von den Eckpunkten "ihres" Dreiecks den gleichen Abstand haben. Also braucht man nur zwei Senkrechte zum Schnitt zu bringen und hat damit einen Lösungsweg. Eine Berechnung könnte zwei Ergebnisse haben, entweder den Schnittpunkt der beiden Senkrechten oder die Meldung "UNLOESBAR!". Im ersten Fall ist für den Beweis von der eindeutigen Existenz des Umkugelmittelpunkts bei jedem Vierflach nichts gewonnen. Der zweite Fall würde seine Existenz logisch ausschließen. Aber logisch darf man nur argumentieren, wenn die Prämissen gültig sind. Diese setzen voraus, daß mit exakten rationalen und irrationalen Zahlen gerechnet wird. Diese Voraussetzung ist wie im ebenen Fall im allgemeinen nicht erfüllt. Außerdem ist vorstellbar, daß das Vierflach so flach ist, daß sich der vierte Punkt fast in der Dreiecksebene befindet, in der die drei anderen Punkte liegen. Dann kann die Ungenauigkeit der Rechnung so groß werden, daß das System fälschlicherweise eine Fehlermeldung ausgibt. Man erkennt, daß ohne eine mathematische Vorüberlegung gar nichts erreicht wird.

Die Lösung könnte von der korrekten Verallgemeinerung des zweidimensionalen Falls auf drei Dimensionen ausgehen:

- Im Dreieck gehen von einem Eckpunkt zwei Seiten aus.
  Im Vierflach gehen von einem Eckpunkt drei Kanten aus.

- In der Ebene ist die Mittelsenkrechte auf einer Strecke die mittelsenkrechte Gerade auf dieser Strecke.
  Im Raum ist die Mitelsenkrechte auf einer Strecke die mittelsenkrechte Ebene auf dieser Strecke.
- Die drei mittelsenkrechten Ebenen auf drei Kanten des Vierflachs, die von einem Eckpunkt ausgehen, haben genau einen Schnittpunkt. Dies muß aus Symmetriegründen der Umkugelmittelpunkt sein.

Diese Feststellungen reichen aus, um die eindeutige Existenz des Mittelpunkts einer Umkugel zu jedem Vierfach analog zum Beweis in der Ebene nachzuweisen. Daraus ergibt sich ein neuer Lösungsweg zur Ermittlung dieses Punktes: Er ist der Schnittpunkt der drei mittelsenkrechten Ebenen auf drei Kanten, die von einem Eckpunkt des Vierflachs ausgehen.

Die Argumentationsweise hat uns von der Programmiersprache Logo fortgeführt, indem sie den Lösungsweg geometrisch auf eine Weise dargestellt hat, die algorithmisch nachvollzogen werden kann. Daß er rechnerisch kompliziert auszuführen ist braucht uns nicht zu bekümmern, weil wir für die Rechnung den Rechner einsetzen. Damit reduziert sich die Lösung eines Problems im wesentlichen auf seinen mathematischen Gehalt. Für den Inkugelmittelpunkt würde er z. B. darin bestehen, die drei winkelhalbierenden Ebenen miteinander zum Schnitt zu bringen, die durch die Innenwinkel bestimmt werden, die eine Ebene mit je einer der übrigen drei Ebenen bilden. Den Satz von der eindeutigen Existenz des Inkugelmittelpunkts kann man aufgrund der angegebenen Bestimmung beweisen und diese Überlegung zur Grundlage der Entwicklung einer algorithmischen Rechenvorschrift zur Bestimmung des Inkugelmittelpunkts machen, wenn das Vierflach gegeben ist - z.B. durch seine vier Eckpunkte oder durch seine vier Seitenebenen.

Zusammenfassend läßt sich sagen, daß für die Geometrie als eine mathematische Wissenschaft nichts gewonnen wird, wenn man die geometrischen Sachverhalte in einer algorithmischen Sprache ausdrücken muß. Denn diese vermag nicht einmal die vorliegende Geometrie zu formulieren. Man erkennt das schon an dem relativ armen Begriff der Figur im ersten Kapitel, denn diese darf entgegen allem bisherigen geometrischen Sprachgebrauch nur endlich viele Punkte enthalten. Das ist nicht nur zufällig so, sondern durch die Beschränkungen bestimmt, die einer Programmiersprache auferlegt werden müssen: Jede Datenstruktur, die durch eine Programmiersprache dargestellt wird, muß endlich sein, und jeder Algorithmus, der eine Datenstruktur bearbeitet, muß nach endlich vielen Bearbeitungsschritten abgeschlossen sein. Daher ist kein Kontinuum von Punkten wie ein Kreis oder eine Strecke in der Programmiersprache darstellbar. Überträgt man das auf Zahlen, so folgt, daß kein Kontinuum reeller Zahlen, nicht einmal eine einzige reelle Zahl durch eine Programmiersprache darstellbar ist. Durch die in manchen Computersprachen sogenanten Real-Zahlen werden daher auch nur endlich viele rationale Zahlen in einem beschränkten Bereich dargestellt.

Es gibt allerdings zwei Gründe, aus denen heraus es sinnvoll ist, Programmiersprachen in der Geometrie zu verwenden, einen praktischen und einen didaktischen. Der praktische Grund wird ersichtlich, wenn man sich fragt, warum es sinnvoll ist, Taschenrechner in der Mathematik zu benutzen. Der beschränkte Zahlenbereich der Real-Zahlen ist so groß und die Zahlen darin sind so dicht, daß jede praktisch vorkommende Berechnung mit hinreichender Genauigkeit und Geschwindigkeit ausgeführt werden kann. Mit Hilfe einer Programmiersprache kann man darüberhinaus die Rechenwege darstellen, wenn sie schematisch festliegen. So dienen die Formeln der Planimetrie oder der Stereometrie der Berechnung einer Größe aus gegebenen Größen. Mit Hilfe der Programmiersprache lassen sich daraus Funktionsprogramme zur Berechnung dieser Größen schreiben. Man kann ihren Wert ausdrucken lassen oder, falls sie nur Hilfsgrößen der Rechnung sind, Variablen zuweisen, wie man Zwischenwerte auf Zettel schreibt. Diese Größen stehen nunmehr zur Verfügung, als ob sie gegeben wären. Damit wird ein didaktischer Grund für die Verwendung einer Programmiersprache sichtbar: Es kommt darauf an, daß die schematischen Lösungswege so präzisiert werden, daß man Funktionsprogramme für sie schreiben kann. Da die Rechnungen vom Computer erledigt werden, verkürzt sich die Lösung eines Problems auf die an einer Zeichnung orientierte Darstellung des Lösungswegs, in dem die vom Computer auszuführenden Rechnungen an den dafür vorgesehenen Stellen ausgeführt werden. Dabei darf man auch komplizierte Lösungswege gehen, die ohne Rechner praktisch ausgeschlossen sind. Die beiden Gründe zur Verwendung einer Programmiersprache für Berechnungen in der Geometrie treten von Kapitel zu Kapitel immer deutlicher hervor, weil die vom Computer zu erledigenden Rechnungen immer aufwendiger werden, so daß der Benutzer durch die Verwendung des Computers zu Gunsten der Darstellung des Lösungswegs entlastet wird. Dabei tritt in der analytischen Geometrie eine weitere Reduktion auf den geometrischen Lösungsweg ein. Denn normalerweise hat man in ihr nicht nur mit den Begriffen Gerade oder Ebene zu argumentieren, sondern man muß auch berücksichtigen, welche Darstellung man davon hat. So kann eine Ebene durch drei Punkte, einen Punkt und zwei nicht parallele Richtungen oder durch einen Punkt und eine zur Ebene senkrechte Richtung gegeben sein. Man kann die Programme, die mit dieser Ebene arbeiten, so schreiben, daß sie selbst analysieren, welche Darstellungsform vorliegt. Damit braucht man auf die Darstellungsform der Ebene nicht mehr Rücksicht zu nehmen, was einen erheblichen Teil des normalen analytischen Lösungsweg ausmacht, sondern kann mit dem geometrischen Objekt Ebene selbst argumentieren.

Wenn man akzeptiert, daß es sinnvoll ist, eine Programmiersprache zu verwenden, um geometrische Rechnungen durchführen zu lassen, muß man sich nach einer geeigneten Programmiersprache umsehen. Wir haben für Logo plädiert, weil diese Sprache spracherweiternd ist, so daß man ein eigenes Begriffsgebäude des jeweiligen geometrischen Anwendungsgebiets in der Programmiersprache aufbauen kann, weil sie funktionsorientiert ist, so daß man auch zusammengesetzte Datenstrukturen als Funktionsausdrücke definieren kann, weil sie die Definition rekursiver Datenstrukturen ermöglicht und weil man das erarbeitete Begriffsgebäude auch im Direktmodus anwenden kann.

Literaturhinweise

1. Geometrische Grundlagen

Die Auswahl der Schulbücher über die geometrischen Grundlagen ist so groß, daß besondere Bücher nicht herausgehoben werden sollten. Jeder wird auf Schulbücher zurückgreifen wollen und können, die den vorliegenden Sachverhalt behandeln.

2. Gundlagen der Programmiersprache Logo

Es genügen einfache Kenntnisse in Logo. Es seien hier auf die im Vogel-Verlag von Dietrich Senftleben verfaßten sogenannten "Start-Bücher" hingewiesen, in denen für verschiedene Logo-Versionen jeweils ein einführendes Buch vorgelegt wurde (z. B. für Atari, Commodore, Apple, IBM, CPC 464 und 664).

3. Allgemeine Literatur

Die didaktische Grundlegung der Turtle-Geometrie (hier Weg-Geometrie genannt) ist von Papert in dem in Abschnitt 1.1 genannten Buch "Mindstorms" gegeben worden. Für sie gibt es eine deutsche Übersetzung: Papert, Seymour: "Kinder, Computer und neues Lernen", Birkhäuser, Stuttgart.

Stichwortverzeichnis